亡き人へのレクイエム

池内紀

みすず書房

亡き人へのレクイエム　目次

種村季弘

たねむら・すえひろ
ドイツ文学者・評論家・エッセイスト

私はタネムラさんと呼んでいた。タネさんという人もいた。どちらの場合にもカタカナで表記したいようなしたしみをこめてのこと。

とたんに歯切れのいい返事が返ってくる。ふくらみをもった、やわらかい、甘いような、とてもいい声だった。耳にとどくところでキッパリとした男性的な強さがある。その声は種村さんの人格の一部であり、まさしく人柄そのものだった。

話に熱が入ってくると目が鋭い。笑うと少年の顔になった。頭にハンチングをのせると下町のアンチャンである。背広よりジャンパーが似合った人だ。

博覧強記で知られていた。幻想文学、異端の文学、奇想の画家や作家たち、神秘思想……。古今を問わず、洋の東西にわたり、綿密で、おのずと個別の知識がつながりをもち、雄大な構図をえがいていく。

あきらかに単なる博識ではなかった。それは混沌《こんとん》に分け入るための道しるべであって、とらわれることなく、よく知ること。時代と人間の内面的なエネルギーを、くわしく観察し、記述すること。そこから「ビンゲンのヒルデガルト」と呼ばれた神秘的な女性の伝記が生まれた。パラケルススやマゾッホ、みなし子カスパール・ハウザーといった歴史のなかの外れ者、複雑な陰影をもった人物の評伝に真骨頂がのぞいていた。

読者を未知の広い世界に引き出すだけでなく、想像力に訴えてくる。語られたところの半ばは遠い昔の人物だが、のこりの半ばは種村季弘その人だった。だからこそ読者は深い知識を介して生命の躍動というゼイタクを楽しむことができた。

昭和八年（一九三三）の生まれである。戦争が終わったとき十二歳だった。大人も子供も飢餓のなかにおっぽり出された。強い者、すばしっこい者、知恵のある者が食べ物にありつく。むろん、子供よりも大人のほうが強い。

同世代のなかで、弱く、やさしく、不器用で、ヘマなのが淘汰されていく。そんな世相を目のあたりにしながら大きくなった。焼け跡、闇市派といわれた世代よりも、はるかに正確に少年の眼《まな》ざしで戦争の荒廃をつぶさに見ていた。のちの強烈な知識欲、異端とされた者、規格から外れた者たちへの人一倍の愛情は、この間につちかわれた感性があずかっているのではあるまいか。

いつのころからか種村さんのまわりに仲間ができた。ここでもやはり「規格外」が多く、売れない画家が顔をそろえたりするのがおかしかった。ものものしく句会と称して温泉の安宿で落ち合った。「酔眼朦朧《すいがんもうろう》湯《ゆ》煙《けむり》句会《くかい》」といって、たしかにあまりある会ではない。

それでも十周年記念に各自二十句ずつを持ち寄って小冊子にまとめた。国東《コクトー》、水犬《すいけん》、鶴首坊《かくしゅぼう》といったヘンな俳号にまじり、陶四郎こと種村季弘作。タイトルが「ちりぬるを」とあるのは、いのちの散りぎわの予感のようなものがあったのだろうか。そのなかの一つ。

「こら空を剝《は》がすな空の裏も空」

何かのおりに小名木川《おなぎ》の話をした。何がきっかけだったかは思い出せないが、東京の場末に関連してのことだった。

小名木川は正確には運河である。江東区の北部を横切るかたちで、隅田川と中川を結んでいる。江戸のころ塩の搬入路として開かれたのがはじまりだった。それが拡張されて利根川水運の出入口になった。やがて周辺に工場ができて、江東工場地帯をつくっていった。

空が青黒くよどんでいる。その空を映して川もまたよどんでいる。遠くに工場と煙突の列。手前にはこげ茶色をした桟橋。荷を積んだ艀《はしけ》がつないである。それもまた、くすんだ茶色と土色をしている。

運河だけでは足りなくなったのだろう。昭和四年（一九二九）、国鉄小名木線がつくられた。貨物専用の支線で、小名木川と越中島、さらに晴海埠頭を結んでいた。

種村さんは雑誌記者をしていたころ、その支線沿いにうろついたことがあるという。原稿受け取りの用向きで訪ねていったが、相手の住むアパートがどうしても見つからない。線路づたいに越中島を往きつもどりつしているうちに日が暮れた。住所ではアパートだが、工場群のまん中であって、やがて相手にイッパイくわされたのだと気がついた。

「肩幅のひろいのが突っ立っていたねェ」

風体の悪いのを、そんな言い方でかばっていた。積荷の到着を待っていたのか。失業中で宵までの時間をつぶしていたのか。

明るいところにくると、屋台が店を出していて、立ち飲みで三杯、そのころ「バクダン」とよばれていた奇怪な酒。小名木川とくると種村さんには、すぐさまバクダンが頭をよぎる。

いつものように話しっぷりは歯切れがよかったが、私にはトボトボ歩いている青年のうしろ姿が見えるようだった。夕方でもないのに陽がかげったように暗い。どの路地にも同じような家が並び、煮ものの匂いがして、ときおり戸のすきまから中がチラリと見える。もし顔があうと、住人はさりげなく警戒の目を向ける。暗い空の下に低く街が沈み、足元のよどんだ水路に水音がする。そのうち日が暮れると、燈火が水面に、赤いかたまりのように映っている。

小名木川沿いの道すじは千葉街道につづいている。当時はまだ荷馬車が使われていて、その置き土産の馬糞が点々と落ちていたそうだ。近くの駅前通りにバスが着くと、疲れた顔が降りてきて駅へと急ぐ。植木屋が夜店を出していたが、足をとめる人はいない。

博識の種村さんは詩人大木実を知っていて、「場末の子」という詩に、たしか小名木川が出てくると言った。私はあとで調べてみて、それが「小名木川付近」と章立てされた詩篇であることを知った。亀戸天神や砂町海岸や埋立地の工場地帯をうたっている。場末の子が「詩」を見つけたところだ。

流れるともなく水は動き
舟のうへで米をといでゐる女がゐる。
ゆふぎりはいちめんに灯をぬらし
ガスタンクふたつ鉛色に暮れのこる。

私もほんの少し、その界隈を知っていた。昼間は鉄工所からリベットでも打つような鋭い金属音がする。夕方になると放水路だけが暮れのこり、夕焼けを水に映している。古い木造二階建ての一階が飲み屋になっていて、通称が泡盛屋。

種村理論があって、泡盛は酔い方が少しちがう。酒は米からつくり、稲は土に近いので、酔うと体が重くなる。タネムラ・セオリーによると、どじょうすくいの踊りは酒の酔いから生まれた。体が重いので、身動きすると、どうしてもどじょうをすくうように下へ下へとしゃがむぐあいになる。

いっぽう泡盛は蒸留酒なので、体が舞い上がる。種村さんは古酒を置いている泡盛屋を知っていて、ときおり立ち寄るそうだった。店のありかは新宿裏だったか、中目黒だったか。泡盛の古手はブランデーよりずっとうまい。酒のように体が沈んだりせず、翼が生えたように上に舞い上がる。ひとりでに腰が軽くなって、自然に手が動く。

そんな話になるときは、だいたい話し手も聞き手も羽化登仙ぎみだ。腰も手も首のすわりぐあいも舞うがごとしだというものである。

さらにタネムラ・セオリーによれば、沖縄の踊りがまさしく泡盛の所産とのこと。ごく自然に泡盛の酔いに身をまかすと、あの踊り方になる。手足はやわらかくとも体のシンはきまっている。空手の極意も、かくのごとし……。話がしだいにひろがっていく。

ついでながらバクダンのことも聞いたが、同じ蒸留酒でも、まるきりちがう。「わが堕落のきっかけ」と、種村さんはエッセイの一つでバクダンを槍玉にあげていた。なにしろ流し込むやいなや、たちまち全身が「一本の棒」になって、そのまま頭から突っこんでいきたくなる。つまり、特攻隊の酒。直線的でスピードはあるが、体をかわすことはできない。

早くいえば空手とボクシングの差であって、００７シリーズが落ち目になり、ブルース・リーが急上昇したことからもあきらかだが、ウィスキーやジンに代わり、紹興酒や泡盛の時代になった。これで鍛えてきた者たちこそ優雅にして強壮である。バクダンから泡盛に切り換えた種村さんは、そんなふうに変身を理論づけるのだった。

種村さんのことを書いていると、いろいろと思い出す。先にあげた大木実の詩篇の一つと同じ。

陽のごとくこゝろ明るくするもの
風のごとくこゝろ揺するもの
雨のごとくこゝろ濡らすもの
茨のごとくこゝろ刺すもの

あれこれ、こみ上げてくる。場末というと、なぜか家々の屋根や壁が夕陽に染まっている。くすんだ空なのに、へんに色調が澄んでいたりして、そんな日はなぜか、むしょうに酔っぱらいたくなるものだ。きまって近くに玉突き屋があって、ベレー帽の絵かき風がキューを握っていたりする。

ひところ種村さんは新宿や池袋に一部屋を借りていた。浅草の浅草寺裏だったこともある。床を敷くと、もう一杯のような小部屋である。夜中に上の階から、奮闘中の男女の声が伝わってきた。

私が知ったのは四十代以後の種村さんだが、いつもはじけるように若々しく、それは二十代の青年の感性というものだった。話を聞いているだけで「こゝろ明るくするもの」があり、おりおり「こゝろ刺すもの」がまじっていた。場末の裏通りを好んだ人だが、その空間はひろびろしていて、天地に大きくひらいていた。

ある雑誌の対談でお会いしたのが最後になった。小田原のソバ屋の二階で会った。アンソロジーをめぐるもので、おしまいに種村さんは話している。

「ぼくはそのうち『人生散歩論』という本を書こうと思っています」

人生というのは散歩であって、本道を歩いてもいいけど、疲れたら横丁のおでん屋でちょっと飲んで、パチンコ屋にしけこんで、それから向かいの大衆酒場に入って、もどりたければ本道にもどればいい。「気の向くまま、足の向くまま」、これがアンソロジーの編み方、読み方の極意なり。

死の翌年、『雨の日はソファで散歩』が出た。

病院のベッドで自分で編んだ。だから最後の自選にあたる。編集者があとがきで述べている。葬儀は身内だけ。しのぶ会などは無用。死は当分、公表しないこと。その後も家族をわずらわせるようなことは一切しないこと。

いかにも種村さんらしいのだ。その遺志は遺稿集にもつらぬかれていた。長短とりまぜて約五十編、加えてひとり語りが三編。そのうちのかなりが死の影のもとにつづられたが、私事めいたことは厳しく排除されている。大好きだった豆腐のこと、酒にまつわるあれこれ、記憶の中のあの町この町、敬愛する人たちのエピソード……。語り口は軽妙で、歯切れがいい。

酒の飲み方を語ったくだり。

「これは現場で仕事をしている職人、職工の飲み方だ。段取りがきちんとしている」

職人、職工をバカにする世の中では、きちんとした飲み方もまた地を払った。

何年ぶりかに訪れた町のこと。

「……ここはまるきり別の町になってしまっている」

古くからのエリアが「再開発」とかで消え失せた。異質のものが雑然と隣り合わせになっていてこそ、そこから新しい文化が生まれる。経済効率の名による町並みの再編のなかで、なさけ容赦なく取り壊され、消滅させられた。そののちに生まれたノッペラボウの町並み。

「旅に出る。温泉に行く。しかし旅館の類には泊まらない」

なぜか？　豆腐は日常食であり、調理のしようもないので、出したがらない旅館が多い。そこでホテルに泊まり、町の何でもない食堂や大衆酒場で豆腐を注文し、熱カンのお供にする。ときとして、びっくりするほどうまいのに出くわした。章名は「幻の豆腐を思う」。

「……東京はどんどん変わりはじめた。素通りするだけでも分かる」

東京歩きの連載を終え、病室で切り抜きに手を入れていて気がついた。自分はどうも地上の町よりも、その「古層」が気になって歩いていたらしい。そこでタイトルを変更、あらためて全体を書き下ろした。

おいしい豆腐が「幻」になるような経済システムは間違っている。建ててはまたブッ壊し、記憶をとどめるよすがを、そっくりなくしてしまう町づくり。それがよしとされる社会とは、消費と効率に逆さづりにされているだけではなかろうか。

やさしい温顔のもとに、そこにはこの世への三下り半が突きつけてあった。死神がすり寄ったときも、批評家種村季弘は爽やかに覚めていた。

「ソファで散歩」とシャレのめして、この国の経済と社会にピシャリと閉め出しをくらわせた。軽妙な語りの背後に、いつも生活者のまなざしと厳しさ、そして男らしいやさしさがひそんでいた。

森﨑秋雄

もりさき・あきお
姫路市（兵庫県）で画廊を経営

森﨑さんとは手紙とFａｘでやりとりした。いま手元に、いただいた便りがのこっている。平成二十四年（二〇一二）九月二十六日付。

「暑かった夏の日差しも朝夕めっきり涼しくなってまいりました」

そんな挨拶のあと、「尾田龍展」が間近に迫ったこと。先に案内状を送ったが、念のため数部同封する。

「十月六日のご講演、楽しみにしております」

会期は十月五日から十四日で、会期二日目の六日に講演をたのまれていた。画家尾田龍は私の高校のときの美術の先生で、没後十年に姫路市立美術館で回顧展が催されたとき、神戸新聞にエッセイを書いた。森﨑さんはそれを覚えていて、森画廊での尾田龍展の応援役をたのまれた。

十月七日付で礼状がきた。そこに「……昨夜は遅くまでお付き合いを頂き、有難うございました」とある。森﨑さんの流儀で、講演会のあと、いつも夕食会の用意があった。先にしたしい数人に声がかけてあって、レストランが見つくろってある。ひっそりと裏通りにある趣味のいい静かな店で、招かれる人も静かな、趣味のいい人ばかり。ワインを二本ぐらいあけて、おひらきになる。

「当方の身体が以前ほど活発に動けませんが、これからは、手の届く範囲内での目標を持ち、日々楽しみながら仕事を進めていきたいと思っております」

六日の講演会の当日、会場へ行く前に森﨑さんから難病のことを打ち明けられた。ふだんは画廊二階の気持ちのいい部屋で、最近の美術界のことや、入手になった絵をめぐっておしゃべりする。この日は森﨑さんに、やや「やつれ」のようなものを感じたので、何げなく「お疲れでは」と声をかけたのがきっかけだった。ひと呼吸おいてから森﨑さんは、病気のはじまりと経過、東京のめぼしい病院をまわったこと、いまの医学ではどうしようもないこと、余命は「来年の秋ぐらい」と、まるで企画中の展覧会の会期を言うように話していった。

しばらく返す言葉がなかった。慰めも励ましも空しいことは、淡々とした口調からもあきらかである。命の行く末をはっきり見きわめた人に、ウソっぽいどんな言葉をかけられようか。

自分では、したいことをしつくしたので悔いはないと、森﨑さんはつけたした。できるかぎり画廊はつづけながら、一つ楽しみを考えているとのこと。そのことも手紙に出てくる。「今後は、お話を申し上げましたように、一番の仕事として、画廊内に大画面のシアタールームを作り、往年の名作名画を楽しみたいと思っています」

画廊三階に内外の画集を集めた資料室があって、そこを自分専用の映画館につくりかえる。私自身、映画が大好きで、東京の映画館発信のチラシやパンフをわんさと持っている。そこから選んで送ることを約束した。

そのあと講演会会場へ並んで歩いていった。「来年の秋」というと、余命は一年にも足りない。その人がいま肩を並べて、いつもどおりのおしゃべりを交わしながら歩いている。まるで幻を見ているようなここちがした。森﨑さんの満足のいく講演ができますように――天に祈りたい気持ちだった。

十月十八日付の手紙には「尾田龍展」が終わったこと、会期中六百人あまりの来訪があったことが述べてあった。「没後二十年が過ぎ、だんだん忘れられていくことが多い中で、尾田先生の作品はますます輝き、魅力を感じさせてくれます。良いタイミングの展覧会となりました」

私は尾田先生の風景画が好きで、ついては瀬戸内海の島を描いた一つの購入を伝えていた。森﨑さんによると、山口県の周防大島の風景と思われ、島の紹介文のコピーがそえてあった。「とても密度のある作品です。私も好きな作品の一つです」

森画廊主人森崎秋雄は、つねに自分が感じる「魅力」を尺度にした。どんなに著名な画家でも、魅力のない絵は見向きもしない。森崎秋雄はまた「密度」を大きな目盛りにした。画家が手を抜くと、必ず絵にあらわれて空疎感を露呈する。画廊主はつねに自分を鍛えて、ひと目で魅力と密度を見てとる感性をやしなっていなくてはならない。

十月二十四日付。この間に送った映画の資料の礼状がきた。「映画の資料、沢山お送り頂き有難うございます。モリサキ・フィルム・シアターの空間で少しずつ鑑賞していきたいと思います」

チラシやパンフとともに、手製のロゴをつけた。夜空に月がほほえんでいて、上下にMORISAKI Film Theater とある。ドアに貼ってもらえるように、掌に入る小さなサイズ。

その手紙の末尾に「美の風」来年春号発行の予定が書いてあった。原稿は十二月末頃の締め切りでどうだろう。

十一月十一日付で、あらためて「発行人・森﨑秋雄」として正式の原稿依頼状がきた。一年二冊のペースで、これまで十号を数える。十一号は平成二十五年一月末の締め切りで春号の予定。病気のことはひとこともしるされていなかった。私はうかつにも「来年の秋」は最悪の場合のことであって、現代医学がそうやすやすと白旗を揚げることはあるまい、現状維持ができるのではないかと考えた。

年がかわって紀行エッセイ集『ニッポンの山里』が出たので送ったところ、森﨑さんから一月十五日付でＦａｘが届いた。「体がだんだん動けなくなったいま」、紀行記の旅ができてうれしいとあった。私は病状が悪化しているらしいことは思ったが、いぜんとして楽観していた。ただ一月末の「美の風」の締め切りを迎え、少々の気がかりがあった。原稿を送ると、森﨑さんには負担になるのではないだろうか。ムリして出すことはなく、状況に応じる方がよくはないか。

その旨、問い合わせると、折り返しＦａｘで今回は見合わせたい旨の返事がきた。理由は何も告げられていなかった。無言の重みが、言わず語らずに現状をつたえている。あとはただ待つだけ。暗澹たる思いでＦａｘの白い余白を見つめていた。ほぼ二ヵ月後の春三月、森﨑さんの死が知らされた。

いろんなことを思い出すのに、一つだけ思い出せない。いつ、どのようなことから森﨑さんと知り合ったか。

平成十六年（二〇〇四）五月、森画廊が誕生して三十年のお祝いの会があった。夕方からの会に先立ち、記念講演をしてほしいと森﨑さんにたのまれ、「美を商う」という題で話をした。その冒頭で述べているが、主人は森﨑なのにどうして「森」画廊なのか、画廊はたいてい姓を商標がわりにするのではないか。あるとき、そのことをたずねたところ、森﨑さんが答えた。「森﨑」はちょっと重いし、うるさいような気がするので森の一字にした。私はそういう発想がとても好きなので、「森画廊」はいまもいい名前だと思っている――。

たしかにそんなやりとりをした。それを話のマクラにしたのだから、平成十六年の記念の会の前からしたしくしていたことはたしかである。だが、いつ、どのように知り合ったのか、いくら考えても思い出せない。幼な友達のように、気がつくとすでにしたしい人だった。

記念講演のなかで、私は語っている。自分は当地姫路の生まれであって、播州の土地柄、人となりをよく知っている。海あり山あり川あり城ありの暮らしやすいところで、その種の土地におなじみだが、実利的な気風が強く、実利と関係しないことには、どちらかというと冷淡である。そのような土地で三十年間も画廊をやってきたのは「大きな事件」であって、姫路が「誇っていいこと」ではないか。

森﨑さんの著書から、若いころ神戸の画家に大きな感銘を受け、そのような人の作品を扱う仕事を念願とした旨のことを知っていた。ならば神戸で店をもつ方が仕事上も好都合なのに、どうして保守的な城下町を選んだのか？　いろいろ事情があってのことなのに、そんなぶしつけな質問をした。

平成二十年（二〇〇八）十月、森画廊は「画家の息吹き・18人の自画像と作品展」の特別企画展をした。それに際して、私は「顔と芸術」のタイトルで記念講演をした。「自画像の展覧会をやりたいと森﨑さんがおっしゃったとき、それはとてもおもしろいけれど、ずいぶん冒険ですよと申し上げました」

そんなふうに語り出している。いままさに活躍中の画家に自画像を注文し、一堂に集めて展覧会をするのは、どの画廊も夢見る企画だが、画家にとっては難しい課題であって実現は難しいのではないか。だが森﨑さんは、もののみごとに実現して、「自画像」という、まさしく「息吹き」が伝わってくる、意味深いジャンルに集中した現代の画家展をやってのけた。私は一見おだやかそのものの人の強靱な資質を思い知らされた。

二年後の平成二十二年（二〇一〇）三月、森﨑さんは「春一番・美女との出会い」をキャッチコピーにして「美人画、女性美の輝き展」を企画した。そのときは「美人が生まれる」と題して話をした。橋口五葉、上村松園、鏑木清方、伊東深水らの作品を見たあと、美人の生まれる秘訣を考えるのは、この上なくゼイタクな楽しみだった。公立美術館ならよその美術館から借用してわがモノのように展示できるが、町の画廊に美術館は貸し出さない。わが手で求めて蒐めなくてはならない。いったい森﨑さんは、どうやってこれだけの名作を手に入れたのだろう？

やはりぶしつけな質問をしたと思うが、森﨑さんはニコニコして、「いい人に恵まれた」というだけで、自分でも満足げにながめていた。私には終始、森﨑秋雄は「ナゾの人」の一面を保持していた。それはみだりに立ち入らせない聖域であって、それを感じるつど、私はそれ以上は問わなかった。

自画像のくだりで、「瞳」という文字のことに触れたことがある。「目」と「童」が組み合わされて「瞳」になった。他人と向き合ったとき、相手の目の中に小さな自分の像が映る。小さな像だから童子の「童」の字をあてて、他者の中の自分の意味をこめたのだろう。

実はドイツ語でもそうであって「瞳」をプピレというが、「小さな人形」という意味。相手の目の中に映る小さな人形のような自分、それが「瞳」をあらわす言葉になった。相手も自分の目に映っているわけで、その小さな自分と当の自分との往復、他者の中の自分をたしかめながら生きているのだろう。

森﨑さんは私には目の中に、いまもかわらず生きている。小さな童子となって、くっきりとやきついている。

森　浩一

もり・こういち
考古学者・同志社大学名誉教授

はじまりはラジオだった。

ＮＨＫ・ＦＭの「日曜喫茶室」は名うての長寿番組の一つで、もう三十年以上もつづいている。タイトルのいうとおり日曜日の喫茶店というつくりで、ゲストが二人。店にはマスターと給仕の女性、それに「御定連」が一人いる。これは店のなじみ客で、マスターがゲストから話を聞いているのに相槌を打ったり、質問したり、話題がとだえそうなときにつなぎ役をする。

その御定連として番組の手伝いをしだして、ずいぶんになる。そろそろやめどきを思案していた。長らく制作を担当してきたしっかり者の女性は、地を這うようにして人を探し、地味だがとてもユニークな仕事をしているゲストを見つけてきた。その人が急逝してからはつぎつぎと制作方がかわり、人選が安直になって、テレビや週刊誌で話題になった「時の人」がやってくる。

二時間ちかい番組であって、そのうち気がついた。テレビでウレた人は話し上手で、話題を盛り上げ、流れがいい。ただし、それはせいぜい三十分どまりのこと。四十分、五十分とたつうちに、くり返しが多くなる。二時間ちかいと、どうしてもその人の「地」が出てくるものだ。自分のこと、自分の仕事を語るにあたり、いや応なく自分の考えを述べなくてはならない。テレビの人は他人の考えに合わせることは巧みでも、自分の考えを述べるのは幼稚で、ぎこちない。そもそも自分の考えといったものがないらしいのだ。話の継ぎ穂がとぎれたとき、本来なら御定連がつなぐのだが、おりおり私は意地悪く黙ったまま、当惑顔の相手を見つめていた。

おりしもそんなころ合いに、森浩一さんをゲストに迎えた。どんなきっかけから森さんが人選に入り、もう一人のゲストが誰だったのか、すっかり忘れている。ただそのとき交わしたやりとりは鮮明に覚えている。それがきっかけで、思いがけない知遇を得たからだ。

話はおのずと遺跡発掘のことになり、マスターが質問をはじめた。もともと芸能モノの放送作家で、横にいて身がすくむような見当違いのことを平気で口にする。森さんは不興げで、そっけなく答えていた。「こんなところに来るんじゃなかった」といった気分がありありと感じられた。発掘の成果について、マスターが形どおりの美辞麗句をいうと、森さんはソッポを向いた。

「要するに土方作業でしょう?」

口をはさむと、森さんがこちらを向いた。

「足は地下足袋ですか？」

地下足袋ではないが、はきなれた底の厚い革靴。切り株などが靴底を突き破ることがあるからだ。

「手は軍手ですか？」

小さくうなずいた。夏でも厚手の軍手が欠かせない。よろけて草むらに手をつき、蛇に咬まれることもある。ウルシにかぶれることもある。頭には使い古しのハンチング。袖の長い厚手のジャンパー。「ジャンパーに軍手とくると、工事現場の監督ですね」と言うと、森さんはニコニコ顔になり、半身をねじまげ、じっとこちらを見ている。

ある古墳から出土した埴輪《はにわ》は坊主頭で、両足の甲に五つの突起があった。通説ではワラジをはいた行脚僧《あんぎゃそう》とされていたが、森さんには両耳についている大きな耳飾りが気になった。腰に太い帯があるだけで、着衣の表現がほどこされていないのはどうしてか。

べつの古墳を調査した際、小さな破片がどっさり出てきた。数年がかりで接合したところ、フンドシ姿の力士像ができあがった。最後まで苦しんだのはフンドシの部分で、ためしに破片を股間にそえるとピッタリ合った。行脚僧の埴輪にも、股間にフンドシの剝離した痕跡がある。とすると坊主頭の男子は行脚僧ではなくて力士と考えられないか。出家までの仏陀を語った文書をあらためて読みなおすと、出家前には相撲が大切な修行だったことがわかる。おシャカさまも若いころは相撲をとった。

「まさかと思いながら――」

森さんは手の破片を股間にあてるしぐさをした。魔術みたいに収まるではないか。

「手や指にそなわった知性でしょうか」

森さんが破顔一笑した。発掘にかかわる実践のなかで手や指や足を信頼する。頭だけで考えない。しばしば手や指、足や目が独自の知性をもち、的確な判定を下すものだ。半身をねじりっぱなしの森さんと、そんなやりとりをした。

しばらくして京都から電話がかかってきた。京都新聞に定期的に対談をのせており、次回の相手になってもらえないか。ただし京都の自分の事務所まで足を運んでもらわなくてはならない。受けてもらえるかどうか。二つ返事で承知をし、いそいそと京都へ向かった。対談は短くすんで、そのあと小路を折れまがった先の店で、ながながとおしゃべりをした。


あとで一般向きの著書の一つで知ったのだが、考古学者森浩一はまさしく工事現場の監督である。その本の表紙には、使いなれたハンチング、厚手のジャンパー、両手に軍手、そんな人物がドッカと石にすわっていた。足の革靴はいかにも底が厚げである。ただズボンにピシリとヒダが通っていて、本来のダンディな紳士をのぞかせていた。

そんな写真つきの『僕と歩こう　考古学の旅』は、五十の遺跡を巡っていて、すべての都道府県からざっと一つは取り上げてある。「仁徳陵」とよばれてきた大山《だいせん》古墳にはじまって、高松塚古墳、酒巻古墳群、金沢市のチカモリ遺跡、大串貝塚、大谷古墳……。

短い叙述のなかに、これまでの研究成果があまさずそそぎこまれている。遺跡の旅案内と同時に、森浩一考古学を集大成したものである。土の中から掘り出された破片が合わさって遠い過去を再現するように、五十の小文が合わさって、これがいかなる学者であるか、その学問がどのような考えにつらぬかれているかをくっきりとのぞかせてくれる。難解な論文集などではなく、「僕と歩こう」と誘いかけ、自分をそっくり差し出すところが、いかにも森さんらしいのだ。

「僕なんか、新発見によって考え方を転換させる知的スリルが楽しくて、半世紀あまりも考古学をつづけている」

一つの結論にいきついても、直ちにそれを「正解」とはしない。この学者は自分にいつも呟いていたのではなかろうか。学問はいつも「正しく」ないのであって、だからこそ進展する。考古学の常識とされているようなことでも、いつ「新発見」によってくつがえされないともかぎらないのだ。

兵庫県小野市の勝手野《かっての》古墳群から出てきた須恵器には、まわりにぐるりと相撲をとっている男たちや行司らしい者など計十一体の小像が付されていた。おシャカさまも相撲をとったとすると、仏教とのかかわりを忘れてはならないし、日本だけでなく「アジア全体の相撲の歴史」も視野に入れておく必要がある……。

言われて気がつくことだ。相撲は日本の「国技」でも何でもない。現に大相撲の土俵では、とっくに「アジア全体」の関取が活躍している。森考古学の大いなる特徴だろう。それはひとり日本列島にかぎらない。日韓、さらにユーラシア大陸の文化風土に根をのばしている。

森さんの学問の力にちがいない。その著書はどれといわず「僕と歩こう」の誘いがあり、いつのまにか予想もしなかった広い世界へとつれ出されている。自分たちの先祖たち、古い生命の豊かさ。まるきり無縁のはずなのに。そこに懐かしいような思いさえしてくる。この学者は用途のわからない土器のことで、こともなげにこんなことを言う人なのだ。

「僕も考えるが、読者もぜひその使い方を考えてみてほしい」

ついでながらハンチングに軍手の先生は、石の上で笑っている。その笑顔がまたとてもいい。

北原亞以子

きたはら・あいこ
作家

月刊誌「小説新潮」の平成二十五年（二〇一三）四月号は時代小説の特集で、題して「春告鳥」。その一番鳥は北原亞以子の「冥《くら》きより」だった。北原ファンは思っただろう。作者病気により休載中の「慶次郎縁側日記」が再開された。挿絵もおなじみの蓬田やすひろさん。まずは再登場の挨拶といった十一ページの短いもの――。

奥付にある発行日は四月二十二日だが、月刊誌の慣例であって、実際の発売日はひと月早い。そのとき、「冥きより」の作者はもうこの世にいなかった。三月十二日の早朝、死去。

私はこの七年ちかく、月に一度、北原亞以子と会っていた。銀座のタウン誌に「サロン」のページがあって、ゲストを迎えて話を聞く。その聞き役である。おシャレな銀座の雑誌がドイツ文学者などの野暮天を聞き役に起用するはずがない。北原亞以子が自分の相棒に指名してのことだろう。たまたまその少し前にラジオの仕事で同席した。かたわらで相槌を打つだけの役まわりには、丁度手ごろというものだ。

一年、二年、三年……。月に一度会っていれば、いろいろなことがわかってくる。べつに当人から話さなくても、ゲストとのやりとりのなかに、自分の体験や見聞や思い出がまじってくる。考え方、感じ方が洩れて出る。しばしば私にはゲスト以上に、かたわらの聞き手がおもしろかった。突然の強い断言に、おもわず横手のコンビ役を、まじまじと見やったこともある。

知られるとおり時代小説家北原亞以子は、いたって遅咲きの人だった。直木賞をとったのは、五十歳をこえてのこと。ただし芽を出したのは早かった。三十すぎの新人賞でデビューしていた。そのあと二十年の空白がある。書いても書いてもダメ。おおかたの新人賞作家はそんなふうにして消えていく。そのなかで北原亞以子は消えなかった。

書きたいことがあるのに、書き方がわからない。書きたいことのイメージはあるのに、それはどうやって書けばいいのだろう？　おもうに二十年のブランクは、そんな堂々巡りだったのではなかろうか。

書きたいのは時代小説だが、捕物帳でも剣豪小説でもない。秘録でも股旅物でもお家騒動でもない。所は江戸の町。これは決まっている。東京の生まれ育ちであって、自分がよく知っている土地でなくては物語は自然にすすまない。時代物であれば男が腰に刀をたばさんでいたり、女が頭にカンザシをさしている。これも決まり。岡っ引半七は神田三河町に住んでいた。同様に小石川、本所、四谷伝馬町、神田お玉が池などと人物をあてがっていく。これも決まり。あれもこれもしっかりあてがっているのに、書いても書いても書きたいものが生まれてこない。

そんな二十年間、北原亞以子は勤めのかたわら、人と世の中をじっと見ていた。むろん身のまわりにも格好の人間サンプルがあった。しばらくチヤホヤしてくれた人が、作家なりそこねと見きわめるとガラリと変化した。そんななかで少しも態度を変えなかった人がいる。OL勤めをしていれば、いやでも露骨に人間模様が見えるものだ。切れ者の出世頭には取り巻きがいて、遠巻きに日和見派がおり、雲行きを見てすり寄っていく。出世頭が落ち目になると、とたんに白い目で見て、あることないこと言いふらす……。

北原亞以子には『父の戦地』というステキな本がある。

「父は、私がかぞえ年四歳の時に出征した」

四年後にビルマで戦死。家具職人の家に生まれ、同じ職についたがノミやカンナよりもダンスやビリヤードが好きで、わざわざ仕立て屋に服を注文する。気のやさしい、ちょっとしたシャレ男。人を殺すのが使命の兵士にはまるで合わないタイプだが、軍国ニッポンはそんな人間でも、容赦なく戦地へ送りこんだ。

「マイニチ、ゲンキデアソンデ、オリマスカ、オトウチャンハ、マイニチ、ゲンキデオリマス」

イラストや漫画が好きな家具職人は、幼い娘に絵入りの便りを送ってきた。残されているだけで七十数枚。それを手がかりに作家となった娘が満三歳の幼児にさかのぼり、父の「戦地」をたどり直した。

「マタ、オテガミヲ、タクサン、チョウダイネ」

葉書のおしまいにきまって書いてある一行に、子供の本能が感じとっていた。はるか遠方の父親が、すがる思いで返信を待っていたこと。それが生きのびるための唯一の希望であったこと。東京大空襲で逃げまどい、疎開先で飢餓にさらされながら、幼い娘は思っていた。自分たちがこうだとすると、戦地の父はもっとひどい目にあっている。

「そのうちに父からの葉書の届くのが間遠になり、ついにはまったく届かなくなった」

『父の戦地』は幼い者が戦った「私の戦地」でもあって、不在の父親はそのまま娘の心に居ついていた。書きあぐねてボンヤリしているときなど、「マイニチ、ゲンキデアソンデ、オリマスカ」を耳の奥に聞いていた。

北原ファンなら知っているだろう、その小説では、しばしば封印されていた過去がそっと顔を出す。登場人物はいずれも世間というものをよく知っており、だからこそ過去を封印してきた。それがひょんなことから、戸がきしみ音とともに少し開いたぐあいだ。男も女も、いや応なく自分の過去と対面しなくてはならない。全体のゆるやかな流れのなかに、小さなドラマがはさまった。

ほんのちょっとした偶然のせいである。ほんのわずかな未練ごころ。半刻《はんとき》でもちがっていれば、すれちがいに終わったはずの出会い。それが人生を大きく変える。月が隠れ、やがて雲が切れて白い月がちょっぴり顔を出したぐあい。ごぞんじ慶次郎の登場となる。縁側で寝そべっていたり、詰将棋をしたりするのでおなじみの人物には打ってつけ。縁側ほど月をながめるのにピッタリの場所はない。

時代小説家北原亞以子は江戸の市井の人に託して、傷ついた魂のひそかな甦りを語りつづけた。そこには何代にもわたってつづいてきた江戸の日常と、やさしく主人公たちにそそがれた現代の書き手の目があった。

そして終わりのあの独特の歯切れよさ。一夜明けると季節が変わる。過去を修復し終ったのか？　人間の心の中だもの、当人にすらわからない。この書き手とともに、ひときわ清新な時代小説があらわれた。そこにはつねに微妙な時間の遠近法が入れこんであった。おのずと夢の構造と似ており、どこか夢物語に立ち会っているようで、見たはずはないのに懐かしい光景が見えてきた。長いブランクののちに北原亞以子が見つけたスタイルである。聡明なこの人は夢物語を支えるには的確なディテールが必要なことをよく知っていた。だから猛烈に勉強した。読み返すとよくわかる。江戸の人の暮らしぶり、食べ物、着物、髷のかたち、考え方から感じ方まで、さり

荒木経惟，北原亞以子，著者（写真・大森ひろすけ）

げなく的確に書き込んである。

吉川英治文学賞のお祝いを述べたのが、つい昨日のようだ。やがてサロンの聞き役の四年目、五年目。ついで六年目。病いが忍び寄っていた。やがて割って入り、入院、退院をくり返すなかで、小柄な人が両手でつつめるほど小さくなった。おおかたの読者が「縁側日記」再開の挨拶と考えた短篇は、永の別れのメッセージだった。

「人間も、家も古くなりゃガタがくる」

「我慢、我慢の毎日でございます……」

作中のこの行、あの行は、病いに居すわられた人のセリフだった。病床の作家は指を折るようにして、ある日のことを思い返していただろう。

「あの日はよく晴れて、風のない穏やかな日だった」

物語の手がかりがこんなにもあるのに、病んだからだが書く力を許してくれない。

「目の前が冥くなったのは昨日のようにも一月前のようにも思えるのである」

遺作「冥きより」は、作者その人の写し絵だ。作中の幼いおたまは何が欲しいとたずねられたとき、目を輝かせて硯と答えたが、病んだ作家の欲しいのは書き物道具のほかに何があろう。死神が耳近くで同行をささやくなかで、北原亞以子はよみじへの出発を書きつづった。冥府、冥途、冥界、それをいう「冥」の字を、まんまと恋の闇路をたどる用語にすりかえた。作家魂というものである。

死の四日前の早朝に、珍しく電話があった。

「もうセンセイの言うことなど、きいてやんナイ」

いつもの明るい、甘えたような口調だった。医者の言うことをきいて、少しぐらい長く生きても、なんにもいいことはない。ベッドで仕事をする。おいしいものも食べるの。

「ボクもそうすると思いますよ」

「ホラね、そう言うと思ってた」

どこまでもやさしい彼女は、「いちど、いっしょにドイツへ行きたかった」などとドイツ文学者をよろこばすようなことを言った。そのうち、心臓の変調が始まったのだろう。

「苦しいから、これで、きるね」

声がとぎれた。いま私はそれを、遺作のセリフに言い換えている。「でも、ま、いいか」。北原語のお別れ。彼女にはそれを口にする十分な資格があった。

須賀敦子

すが・あつこ
イタリア文学者・エッセイスト

阪急沿線の夙川《しゅくがわ》、打出《うちで》の翠《みどり》ヶ丘《おか》。あるいは、「岡本という、私たちの家のあったところから電車で停留所二つ目のところに、母の姉が住んでいて……」

夙川は西宮市、翠ヶ丘は芦屋市、岡本は神戸市東灘区にあたり、行政的にはべつべつだが、地形的には、ほぼ東西に隣合っている。

谷崎潤一郎の関西を舞台にした小説によく出てくる。私自身、近い町の生まれであって、二十代から三十代のはじめにかけて神戸に住んでいた。地名を聞いただけで家並みから住人の表情まで、まざまざと浮かんでくる。

ひとことでいえば、阪神間の山手《やまのて》である。文字どおり六甲山系の山手にあたる高台に位置している。大阪商人は財を築くと、この辺りに屋敷をかまえた。あるいは別邸をもった。帯状にのびた阪神地区にあって、同じく細い帯状をつくり、「恵まれた資産家」といわれる人々の小世界があった。

須賀敦子が育ち、幼い夢をはぐくんだところである。やがてそこから出ていった。おりおりもどってきたが、そのたびにまた鳥のように飛び立った。

「大きな土蔵のある、庭のひろい家だった。家のまえがテニスコートで、春になると、そのまわりがタンポポで黄色くなった」

家族のことにも触れている。父が長男だったせいもあって、若い叔父や叔母が同居していた。叔母が二人に叔父が三人、そして祖母、両親、子供の自分たち。

若い叔父たちは、いずれ当主にしかるべき会社のしかるべき地位をあてがわれて独立したのだろう。そのはずである。若い叔母たちは行儀見習いを終えると、しかるべき配偶者のもとに嫁いだ。当主は花嫁道具に加えて、ときには新居を用意した。そんな場合は神戸の岡本あたりが好まれた。

この家の息子や娘たちの将来もほぼ決っていた。息子は地元で〝坊っちゃん大学〟とよばれるところを出て、父の会社に入る。あるいは数年、かかわりのある銀行に勤めたのち、若手の専務として父の会社に迎えられる。娘は宝塚に熱をあげる思春期を経て、ミッションスクールへ進学。その留守中に母や叔母のあいだでしきりに、婿となるべき人の人選が進められている——。

くり返しいえば、須賀敦子が育ち、そして幼い夢をはぐくんだところである。夢とともに幻滅が芽ぶいたところでもあった。ここにはさまざまの人が出入りし、世間と無縁ではなかったが、しかし、民衆とよばれる人々とは縁が薄かった。浜手にひしめいている民衆地区からは隔離されていた。たまに少女が民衆を見たとしても、電車の行き帰りとか、遠出をしたときの雑踏のなかだった。わが家に近づくにつれて、それは急速に淘汰された。

章のタイトルでは、そっけなくただ「街」とあった。だが、すぐにわかるがミラノである。須賀敦子が、まさに須賀敦子となったところだ。いたって微妙な書き方がしてある。

「……私のミラノは、狭く、やや長く、臆病《おくびょう》に広がっていった」

みずから選びとった心の故里《ふるさと》であって、ここに住みつき、ここで夫となるべき人を見つけた。「パイの一切れみたいなこの小さな空間」とも述べている。友人たちも大半がこの区画に住んでいた。「パイ」の外に出ると空気まで薄いような気がして、いつもそそくさともどってきた。

目覚めた生命が、ごく素直に生きようとする。ことさら語られてはいないが、異郷に根づいた若い女の日常が沁みるように伝わってくる。懸命に生きながら、彼女は冷静にこの街を見ていた。そしてふつう、人がミラノで決して見ないものを語っていく。有名な大聖堂と、ほぼ同じ時期につくられた運河のこと。

「ミラノ人にとって、城壁よりも大切なこの運河は、いわゆる城壁のずっと内側に、半径が狭いところで五〇〇メートルほどの不規則な円を描いて掘られた」

幅は二十メートルに足りないが、アルプスから流れてくるティチーノ川とつながり、ながらく交易の道であり、また交通手段であったこと。ついてはある老婦人からの聞き書きを添えている。冬には運河から立ち昇る霧でガス灯の光が澱《よど》んで見えた。朝霧のなかから不意に川舟があらわれたりした——。須賀敦子がくり返し語った霧のミラノの原風景というものだ。

運河を計りの目盛りにして、その「環」の内側と外側では世界が微妙にちがっていた。大聖堂の右と左とでもそうだった。

「左手は日常的、庶民的で、右手は断じて貴族的なのだ」

「断じて」などと、ちょっとリキんで言わせたのは何だろう？　選びとった故里と二重写しになって、あの阪神間の帯状をした細長い地区がひそんでいないか？

また、レッキとした左側の住人、そのつましい日常のある日、大聖堂右側の代表のような住人から昼食に招かれた。ひき合わされた女性たちの「シックで野蛮なテーブル・マナー」に目を丸くした。それを愉《たの》しげに眺めている男たち。

「ヨーロッパの社会の厚み、といったものを私はひしひしと感じた」

谷崎的世界が、いっきょに芝居の書き割りさながら零落した。タイトルをただ「街」とだけにした理由がわかる。記号にひきもどって、さりげなく、記憶に消えのこっている違い影像をかさね合わせた。

芦屋にはじまり、母方の故里の豊後竹田《ぶんごたけた》、フランス、イタリアの町々……。長い長い往きつ戻りつののち、堰を切ったようにして見たこと、体験したことを書いていった。たしかにそんなふうに見える。だが、実をいうと、そんなふうに見えるだけだ。

いったい、須賀敦子は誰に話しかけて書いたのだろう？「きらめく海のトリエステ」は、もっとも力のこもったエッセイの一つだが、そこでは亡き夫に話しかけたかのようだ。北イタリアの農村で育った夫は、少年のころ、アドリア海沿岸の島で過ごした。その島のことを何度も話してくれた。夫はまたアドリア海の女王さながらの国境の町トリエステにも住んだことがあり、トリエステは夫の愛した詩人サバの故里でもある。いずれ連れて行ってくれるはずだったのに、夢を果せないままに終わってしまった。

サバに語りかけたようでもある。海港の町に生まれ、一生のほとんどをそこで過ごした詩人。イタリアに留学してまだ日も浅いころ、ただ題にひかれて詩集を一冊買った。やがて結婚した相手が無類のサバ好きだと知った。ひそかな導きの糸となった詩人である。

記憶がさらに遠く結ばれていく。そもそもトリエステという町の名をはじめて聞いたのは、父の口からではなかったか。父は戦前、オリエント・エキスプレスで旅をし、しばしばその話をしていた。

語りかけたのは亡き夫でも、詩人サバでも、遠い記憶の父でもないだろう。わが身との二人語り――いや、それでもない。須賀敦子のユニークなところだ。そのエッセイは、通常のカテゴリーにも収まらない。というのは、ここには語り手の視野のなかに厳しい神がいるからだ。彼女はいつも目に見えない何かに語りかけ、耳を澄ましてその「神託」を聴いていた。そののちにようやくペンをとった。

人は誰も孤独だが、なかんずく女は孤独である。男はことあるごとに「社会」などをあてにして自分をごまかすが、女はそんなあやふやなものにはすがらないからだ。須賀敦子は愛する街を見つけ、愛する夫を見つけ、愛する詩人を見つけ、みずからも多くの人に愛されたが、つねに孤独を引き受け、一人で生き、見えない人に向けてペンをとった。

須賀敦子のエッセイは、ひそかな神託に対する贄《みつ》ぎものの意味をおびていた。だからこそ詩的想像力をまじえても、こよなく純粋な客観的視野を失わない。どんなに人間くさい領域に及んでも、その透明度は無類である。風や雲、光のぐあいを描写しても、須賀敦子の場合、風や雲や光だけにとどまらない。自然の風物を超える運命的なものがある。風や雲や光が特有の影をおびて迫ってくる。そしていのちの比喩にも、死の囁《ささや》きにもなった。

川村二郎

かわむら・じろう
文芸評論家・ドイツ文学者

川村二郎著『語り物の宇宙』は一九八一年の刊行である。十年たって講談社文芸文庫に収められた。文庫版には「著書から読者へ」と題したあとがきの頁があって、そこに述べてある。

「この本を書いている最中、特に甲賀三郎の物語に連なる神々の名によってかき立てられた日本諸国の一宮への関心は、時とともに強まって、初めは自分でも果せるとは夢にも思っていなかった全国一宮巡拝を、十年足らずで終えてしまい……」

それは『日本廻国記　一宮巡歴』のタイトルで一九八七年に本になった。語り物にのめりこんだ結果だったが、川村二郎には多少ともテレくさい遍歴の記録だったかもしれない。というのはそれまで自他ともに許す「旅行嫌い」であったからだ。「著者から読者へ」でも述べている。

「はっきりいって、それ以前は旅行嫌いだった。……ふらふら出歩いて何が分る、ときめつけたい気持が強かった」

ところが一宮巡拝をすませて気持が変ったという。出歩くことが「より自由に思考と感性を活動させ得る場」となることに気がついた。「そのことに気づかされたのは、自分にとって何よりの旅の功徳だった」

川村さんにはさまざまな思い出があるが、とりわけこの前後のことが印象深い。名うての「旅行嫌い」の変身に、身近に立ち会っていたからである。

当時、川村さんは都立大教授であり、私は助教授だった。授業を終えると向かうところは決まっていた。東横線都立大学駅のゴタゴタした周辺、露路を入ったところの寿司屋が川村さんのお気に入りだった。たしかに寿司屋だが、寿司はとらずにもっぱらお酒だった。たいてい四、五人で一脚きりのテーブルを長々と占領していた。

安房一宮、相模一宮、武蔵一宮。手初めは東京近辺だった。それが常陸、上野、甲斐、駿河とひろがっていく。あらたに興味の対象を見つけた人に通例だが、新しい成果を話したくてたまらない。ただこの人の場合、いささか事情が複雑だった。

これまで旅行嫌いを公言し、「ふらふら出歩く」徒輩《やから》を手きびしく槍玉にあげていた。その当人がふらふら出歩きはじめたのである。そのたのしさを話したいのだが、自分から言い出すのはコケンにかかわる。いつもの仏頂面で押しだまっている。

「最近どこかへ行かれましたか?」

さりげなく声をかける。相手はソッポを向いてタバコをふかしている。そのうち咳払いをはじめたりする。うずうずするものがあるのだが、なにしろ頑固な人だから、そうやすやすとはのってこない。

かまわずほかの話をしていると、何かのかかわりをとらえて、急に片田舎の駅の名前が出てきたりする。駅前の食堂でビールを飲んだとか。どうしてそんなところへ出かけたのか? やっとカミシモがとれたぐあいで新しい巡拝報告に入っていく。

私は兵庫県姫路市の生まれであって、旧国名が播磨。その播磨一宮はやけに不便なところにある。姫路駅前から電車とバスで二時間ちかく北に向かわなくてはならない。

「イケウチのとこはヒドイなァ」

まるでこちらのせいのようになじるのだった。二度乗り換えたあとは運転手と二人きりになってしまった。そして停留所を乗りすごして終点まで行ってしまった。引き返すにもバスがなくて往生したという。

乗るときに一宮を訪ねる旨、ひとこと運転手に告げていれば、それですんだのである。だが川村二郎という人はそんな小器用なことのできるタイプではない。期待に胸をふくらませ、しかしよそ目には小柄な、立派な顔の人がコワイ顔をしてすわっている。運転手はひとりきりの客のことが気になって、チラチラ目をやっただろう。しかしコワイ顔にけおされる気がして問いかけるのをはばかったのではなかろうか。

人里はなれた終点に降り立った。旅慣れた人間ならバスの運転手にたのんでどうにかするのだが、川村さんはそういうことをする人でもない。とにかくバス道をてくてく歩いたそうだ。そのうち雨がふってきた。それ以上は話したがらず、私も聞くにしのびなかった。

久しぶりに郷里に帰ったとき、地方史家の手になる播磨一宮の本を見つけてもち帰り、大学の郵便ボックスに押しこんだ。ふだんは私情を入れない人なのに、廻国記の播磨一宮のくだりには、この間のことが書かれていた。

『日本廻国記』は河出書房新社から出た。編集者はたまたま私の旅仲間である。出版のお祝いに同僚の一人も加わり、総勢四人で上州の沢渡温泉へ行った。

川村さんはうれしそうだった。著者が本を胸に抱いたり頭上にかかげたりしたところを写真にとる。私たちの注文にブツブツいいながら、それでも応じてくれた。だからおよそ世の川村二郎像と異質の写真が何枚も残っている。

朝、目を覚ますと著者がいなかった。自分のイビキはひどいと酒のあいまに述べていた。廊下の隅に丸くなって眠っていた。心やさしい人は三人の安眠を気づかい、真夜中にふとんごとそっと移動したらしいのだ。

木田　元

きだ・げん
哲学者・中央大学名誉教授

古い世代は哲学者三木清の『人生論ノート』を知っている。戦中、また戦後のひところ、大ベストセラーだった。古い世代の一人である哲学者木田元は若いころ手に入れたが、「読むところまで」はいかなかった。そのうち処分したらしい。のちに探してみたが見つからなかったという。やむなく全集の一巻であたってみて、ものものしく、ペダンティックな書き方に驚いた。「嫉妬について」のくだりだが、みごとに妬みの情念が分析してある。友人、知人の述べているとおり、三木清は並外れて嫉妬深い人間だったにちがいない――。

木田元著『新人生論ノート』は同じ趣旨をうたっているが、こちらには「新」がつく。たしかに、まったく新しい。同じく「哲学」をなりわいとする人が書いたが、こちらは、ちっとももののものしくなく、ペダンティックでもない。おりおりあげられるのは古典的な名前にかぎられ、それと並んでテレビ・ドラマのひとこまや、流行歌のひとふしが、心を打つ名言として語られる。「故郷について」「記憶について」「運命について」「笑いについて」「人生行路の諸段階について」……。

ともかくも書くつもりのテーマはきめたが、この哲学者はオタオタし、「大問題はあとまわし」にしたがったらしい。「人生行路の諸段階について」と高らかにかかげたのに、当の自分が「馬齢を重ねてしまった」だけで、のんべんだらりと人生の諸段階を見送ってきたことにあらためて気がついた。

死について考えはじめたが、日ごろの自分に照らしてすぐに、語る資格がないことを思い知った。なにしろ、なるたけ死から眼をそむけている気配があるし、そもそも「自分が死ぬということがどういうことなのか、よく分からないし、あまり分かりたくもない」のである。

その章のしめくくりちかくだが、山田太一のシナリオが引いてある。死を待っているカメラマンが、昔の恋人に言ったセリフ。書き写したあと、木田元はこれ以上ないほど正直に述べている。自分も死ぬ前に「このくらいのセリフを吐いてみたいが、そうもいかないだろう」。

この哲学先生は、むろん「嫉妬について」などは書かないだろう。書こうにも分析すべき情念がない。かわりに「遊びについて」が入った。とりわけペンが走っている。当然である。ハイデガーの『存在と時間』と同じように、ミステリ物をなめるように読み、ギリシア語やラテン語だけでなく、麻雀や碁にも熱中したらしいのだ。図書館以上にカラオケに通ったこともあるのではなかろうか。というのは裕次郎の歌となれば「裕次郎よりずっとうまく唄う」とイバっているのだ。

洪水のように情報がはんらんしている。自分のさがすものが何なのか、わからない。欲しくもないものが多すぎる。そのくせ欲しいものが見つからない。欲しいものに疲れはてて、自分で願うものがつくれない。哲学のはじまりが自己認識だとすると、木田元はまさしく哲学者である。自分が「人生論」などというものに、およそ不適格な人間であることをきちんと認識している。だからこそ誠実で味わい深い「人生論ノート」ができた。読者はそれとなく考える方法と、深く感じるすべを学び、元気を見つける。頁を閉じると、これを書いた人の白髪とうしろ姿がクッキリと見えてくる。

何がきっかけだったのか忘れたが、十数年にわたり、ずいぶんしたしくさせていただいた。対談したこともある。いっしょに木田さんの故里、山形の温泉に行って、もどりに米沢の町をブラついていたら、織物の店があった。木田さんはつかつかと店に入り、手織りの女性服を買ってきた。奥さま用だという。

「サイズ合わせなきゃダメじゃないですか」

「いや、いいんだ」

そんなやりとりをした。あとで訊くと、ピッタリだったそうだ。

大学の哲学科で学ぶ前に、海軍兵学校、山形県立農林専門学校の体験がある。その直後、食わんがために闇屋をした。ヤバイとなると、スタコラ逃げた。そののち、もっとも現実ばなれした哲学にのめりこんだのだから、なみの哲学教授でなかったことがわかるというものだ。

日常の言葉で哲学史をまとめた『反哲学入門』のような本は、乱世の子でなくてはつづれない。哲学の教師に通例の生硬な言い方はみじんもなく、お飾りの知識はかなぐり捨てて、ぐんぐん語っていく。ハイデガーに入る前のひとこと。

「……しかし同時に、いやな男だという面も併せもつ、厄介な問題を抱えた哲学者でもあります」

「いやな男」のいやなところを指摘しながら、同時にその人物の大きさ、天才性をきちんと伝えるなど、なかなかできないことなのだ。他人の悪口を言うとき、おのずと語り手の人となりとスケールが出てしまうものである。

八十歳をこえても青年のように若々しかった。さまざまな思考の虚実に遊びながら、そののちに哲学的根元にたどりつく。「元」を名前にしたのは、ついぞダテではなかったのである。

森　毅

もり・つよし
数学者・京都大学名誉教授・エッセイスト

風の便りに聞いていた。京都大学に森毅という数学の先生がいて、学生にめっぽう人気がある。数学の教え方だけでなく、生き方、世の考え方、物の見方、森先生の口から洩れたひとことが、警句のように学生のあいだでやりとりされている——。

一九八六年に初めて噂の人と対面した。筑摩書房が「文学の森」というシリーズを企画して、一緒に編集することになった。メンバーは画家安野光雅、数学者森毅、作家・劇作家井上ひさし、ドイツ文学者池内紀の四人。準備期間は二年。八八年に刊行開始。

どうしてこんなへんなメンバーが選ばれたのかは知らない。編集者は松田哲夫という人で、その人選によったのかもしれない。文学シリーズは「売れない」とされていた。もうそういう全集スタイルの時代ではないともいわれていた。

月に一度、編集会議をする。場所は主に御茶の水の山の上ホテル会議室だった。定刻一時。それから三時間、四時間と作品の選定をした。ときには夜の七時ちかくまでつづいた。あいまにコーヒーを飲み、ケーキを食べた。筑摩書房は一度倒産して、管財人のもとに再建中で、そのことへの気づかいもあったが、誰もゴチソーを食べたいなどとは思わなかった。毎回、この上なくぜいたくな文学の饗宴にあずかっていたからである。

森さんは京都からの長旅だったが、いつも欠かさず出席した。たのしそうだった。かつての異色俳優伊藤雄之助に似た長い顔で、髪が長く、口が大きい。京大では「一刀斎」のあだ名があったというが、口をへの字に結び、目をすえると剣客を思わせただろう。編集会議ではその口はたいてい、にこやかに笑っていた。白い歯がこぼれた。眼鏡の奥の目がやさしい。笑い声は誰より大きかった。

「エート、どうしてこんな話になったのかねェ」

本なり作品がきっかけだったと思うのだが、話がそれて、あらぬことにつながり、さらにべつの話題に流れていく。なにしろドイツ文学者以外のお三方は三人三様、たっぷり人生の元手がかかっていて深い知識がある。数学者になる前の森毅は文学青年であり、浄瑠璃をうなり、着流しで巷をうろついた。イタリア文学にくわしく、「ボンテンペルリを入れたい」といわれたときは度肝を抜かれた。

「そのボンテンとやらは何ものですか?」

物知りの井上ひさしさんが、あらためてたずねたほどである。たしかに実在した作家で、読んでみるとおもしろかった。

「文学の森」は予想に反して大いに売れ、総計で百万部をこえた。そのゴホービに、新しく鶴見俊輔さんに加わってもらって「哲学の森」を編集した。余勢をかって「ちくま日本文学全集」全六十巻も実現した。森さんは大学定年後、ますます忙しくなり、マスコミ、ジャーナリズムに引っ張り凧だったが、コーヒーとケーキ一つのつつましい会合にはきっと出てきて、やわらかな、ふくらみのあるいい声で、はずむようなおしゃべりをした。私はほんとうの大人は、いつも初々しい少年の心をなくさないことを知った。

そんなわけで八年ばかり、森さんと月に一度の出会いに浴することができた。井上さん、森さんがあいついで亡くなった直後のこと、安野さんとふと言葉をかわした。

「あのころが人生で一番幸せなときだったたねえ」

はじめから「森さん」「池内さん」の仲だった。齢はひとまわりちがったが、森さんはそんなことは意に介さなかった。あくまでも対等であって、この世のひとしい同僚である。たいてい挨拶は一切抜きにして、いま一番話したい事を口にした。

森さんの三十代のころの著書に、『数学的思考』がある。ずっとのちのテレビやマスコミで引っ張り凧だった森毅しか知らない人は、とまどうかも知れない。数学の歴史、また数学教育が正面から、ともに自分の体験と思索のハカリにかけて、ねばり強く語られている。京大に赴任してきた少壮助教授には、自分が立ち会うことになった大学の教育体制に解せないものが多々あったのだろう。終わりちかくに、こんな言葉が見える。

「繰り返すまでもないだろうが、数学は人間の生活の上に成立している」

生活と「別個の独立した、非人間的なもの」であるわけがない。もとより自明のこと。それはまた教育というものが「生活に附加されるものではなくて、人間が成長していくいとなみとしてある、ということをも意味している」。

まさに森さんのよって立つ基盤だった。しばらくして全国に大学紛争が起きたとき、「造反教官」として学生と連帯をとなえたタイプとは大ちがいだったが、森さんは大学側にクミしない一人だった。「所得倍増」を合い言葉にすべてが経済に集約され、さまざまなひずみが一挙にふき出したなかで、旧態依然とした大学がどうして無風地帯でいられよう。「別個の独立した、非人間的なもの」であっていいはずがない。それに対する異議申し立てを学生側からつきつけられて「人間が成長していくいとなみ」を見つけ、森さんはたのしげに応じながら、同時に新しく「権威化」していく学生側と、それにすり寄る造反教官の姿もきちんと見ていた。

どんなに忙しくても、森さんはノンビリしていた。ノンビリするには勇気がいる。我慢がいる。とりわけ知恵がいる。というのは世の中の構造が、せかして、動かして、引きまわすようにできているからだ。森さんの口から洩れる言葉が、世の仕組みと知恵くらべをするヒントになった。

その点、森毅はおそろしく歯切れがよかった。思考と語りに「一刀斎」の切れ味をそなえていた。森さんのよく読まれた著書の一つに『悩んでなんぼの青春よ』がある。コラム集のつくりだが、あとがきにあるように森さんが某出版社の応接室で語ったところをまとめたものだ。編集者が月一度の遠出の再利用をはかったらしい。

「頭が悪いのはなおらないか」「正しいおカネの使い方とは」「この道ひとすじに生くべきか」「踏まれたものの痛みがわかるか」「ラクでおトクな生き方は」……テーマの出し方が、いかにも森さんらしいのだ。

はたして頭の悪いのはなおるのか、そもそも頭がいいとか悪いとかは、どういうことなのか。「かしこいというのは、本当は〈頭が器用〉というほうが、正しいと思う」。いつも考えの手がかりがはっきり明示されている。器用で、ものわかりがいいのは、上っすべりにすべりがちで理解が表面的になる。反対に、「ニブいやつ」はわかるまで手間がかかるぶん、「わかり方にコクが出てくる」。器用なタイプはいつもスッとわかるくせがついているから「わからんままにかかえておくのがヘタになる」。気がつくとテーマの深層が、さりげなくえぐり出されているだろう。

では才能とは何か。森さんによると、それは十年くらいしないとわからない。といって十年あれば必ず花ひらくともかぎらない。二十年ひらかないと、まずひらかない。しかし、二年や三年ではわからない。

「才能というのが決まってて、それではじめからわかってるとかいうのは、うそ。人間変わるしね」

最後の一言に注意してほしい。森さんは悠然として「人間が成長していくいとなみ」を見つづけた。ただし変わるのは変わり得る自分をたえず変えていくからであって、それこそ人間という奇妙な、愛すべきイキモノのあるべき姿なのだ。限りなく寛容で同時に厳しい人間の見方がひそんでいる。もしこの人がヨーロッパ近代に生きていたら、必ずや花も実もある第一級の「フマニスト」に列せられたにちがいない。

*

一九八〇年の『ものぐさ数学のすすめ』が皮きりだった。つづいて『居なおり数学のすすめ』『佐保利流数学のすすめ』『チャランポラン数学のすすめ』……青土社からつぎつぎと森毅の本が出た。

はじめの十冊は、おしりに全部「数学のすすめ」がついている。京都大学数学教授森毅の学外授業というおもむきがあった。おりにつけ脱線がまじりこむ。「ものぐさ」だの「チャランポラン」だのと断ってあるが、べつにそんなふうではなく、あけっぴろげでわかりよくて、おもしろい。私もそうだが、世のたいていの人は数学と聞くだけで頭痛がして、自分には縁がないと思いがちなものだ。ところが、数学者といわれる人は、なぜか誰もが数学に興味を持つものと考えており、わからないのは、わかろうと努力しないからだと決めこんでいる。

森さんはそうではなかった。頭痛組の生態をよく知っており、その手の人間に数学という「けったいな」世界をのぞき見させる高等技術を身につけていた。ちなみに十冊のうちのほかのアタマの部分は、「気まぐれ」「はみだし」「ムダっぽく」「しなやか」「ほんにゃら」ときて、数学のはみだし組も『ほんにゃら数学のすすめ』となると話はべつなのだ。

同じ青土社刊ながら、一九九〇年の『僕の選んだ１０５冊』が第二次森毅のはじまりだった。つづいて『ふるさと幻想』『まあ、ええやないか』『なんでもありや』『時代のにおい』『たいくつの美学』……。数学をはなれ、テーマが世の見方、考え方、本、政治、風俗、人情百般にひろがった。一刀斎が世間をマナイタにして包丁を振うぐあいで、たのしく、あざやかに、ときには辛辣にトピックスが料理されていく。好奇心は人一倍であって話題に困ることはない。ほかに『ま、しゃあないか』『無為の境地！』『21世紀の歩き方』『元気がなくてもええやんか』……おしまいが二〇〇八年の『もうろくの詩』。ちゃんとしめくくりが予告してあった。

たまたま私はよく知っているが、青土社は出版社として小さな規模で、営業や宣伝の点でもごくつつましい。おのずと部数もかぎられている。森毅は、もし当人が望むなら、大手の出版社から大きな広告で宣伝されるかたちで出版ができたはずだ。だが、最初の一冊のあとも、リチギに同じところから出しつづけた。タイトルのいうとおり「ものぐさ」で、版元を変えるのがめんどうときて、部数が少なくても「ま、しゃあないか」と笑っていたのかもしれない。だが数学関係を皮きりにして、その間の十年に十冊、あとの十八年に「なんでもあり」の十八冊と、いかにも数学者らしくきちんと割り振っているのだ。版元を定めた点でも、日本の出版事情にわたり、はっきりした考えがあってのことにちがいない。つまるところ、自分の本にとって、もっとも居ごこちのいいところを選びとった。

どんなテーマにわたっても、つねに森毅流に語られている。人の世にウンザリしそうなときに元気づけてもらえる。森毅エッセイを読み返すたびに、私は画家でエッセイストだった辻まことの言葉を思い出した。「人をとりのけてなお価値のあるものは、作品をとりのけてなお価値のある人間によって作られるような気がする」。いかにも森さんは死んだかもしれないが、いなくなったわけではないだろう。人は逝っても言葉は残るからだ。べつに希望でも願望でも信仰でもない。言葉は水のように地にしみて、そして地からあふれ出る。

小沢昭一

おざわ・しょういち
俳優・芸能研究家

ある夜、イッパイ機嫌で山手線に乗っていた。すわったとたんに眠くなってウトウトしはじめた。次の駅で何やら人のけはいがしたので目をあけてみると、前に小沢さんがいた。ニンマリとした笑い顔が目と鼻の先にあった。おもわず両手を差し出すと、しっかり握り返された。

その少し前、あるテイ談でご一緒した。とてもお固い出版社が企画したもの。落語の名人をめぐり、若手の、元気のいい狂言師がもう一人で、つごう三名。へんな取り合わせが、めいめい、名人とは何かといったことを話した。

私は実のところ、廻らぬ舌の自分の話などよりも、小沢さんのひとり語りで十分だと思っていた。そのウンチク、その見方、考え方、さらにその語り方。すべてがそっくり「名人とは何か」の答えになっているではないか。

わが秘蔵の「小沢昭一的こころ」のテープは、いったいどれほどの数になっているか。古いものは自分でつけたタイトルが消えかかっていて、まわしてみないと中身がわからない。それはそれで、べつにかまわない。聞くときの楽しみが、よけいにふくらむ。「こころ」の話題から、何年前ぐらいか見当をつけ、自分のそのころと重ね合わせてみたりする。「昭一的わがこころ」の二重唱だ。

ふだんは何でもないのに、ときおりフッと聞いてみたくなる。その声を耳にすると、なぜか安心して、気分がいい。まさしく名人の及ぼす力である。

山手線の車内のことだが、おりよく隣席があいたので並んですわった。小沢さんもイッパイ機嫌で、といってもアルコールはダメな方だから、ひと仕事を終えられたあとの快いメイテイ。気がつくと最初の握手のまま、ずっと手を握り合っていた。老境にも、タダならぬ仲があるものなのだ。

松井邦雄

まつい・くにお
ラジオ・プロデューサー

ときおり、松井さんから電話がかかってきた。ちょっとテレたような、少し遠慮したような口ぶりで、とくに用はない旨をことわってから、いっしょにお茶でもとなった。夏だとお茶がビールになり、あるいはいい店を見つけたからと変化した。そのあとは忙しい現場にいる人の手ぎわのよさで日取りと場所と時間の指示があり、「では、いずれそのとき」で電話がきれた。

いつも町角の小さな店が選んであった。レストランというよりも洋食屋といった感じ。お腹がプックリふくれた主人と奥さんがやっている。母と娘の店もあった。メニューはちょっぴりで、食後においしい珈琲がサービスでつく。そういう店が町から消えていく瀬戸ぎわの頃だった。

松井さんは着こなしが上手で、ロンドン仕立ての服に見えた。そう思ってたずねると、「つるしですヨ」とことともなげに言った。渋いネクタイが似合っていた。端正な顔が笑うと童顔になる。

生き馬の目を抜くマスコミの世界にいて、ちっともその世界の色に染まらない。仕事の話はほとんどしなかった。最近見た映画のこと、読んだ本のこと、旅先で訪れた町のこと、幼いころの思い出、エトセトラ。あっというまに時がたって、「じゃあ、また」で右左に別れた。別れたあと数日いつも、忘れがたい何かがのこっているような気がしてならなかった。なつかしさに似た何かであって、それが何なのか、どうしてそんな気がするのか、考えてもわからない。そのうち日常の雑務にまぎれて消えていったが、そんな思いのあったことは、しっかり記憶していた。

気がつくと十年あまりがたっていた。うかつにも私は、いつまでもそんなふうにつづくものだと思っていた。

平成五年（一九九三）七月。夏だというのに、うすら寒い日が過ぎていく。晴れ間が少なく、毎日のように雨が降った。気象庁は記録的な冷夏を報じていた。そんな月半ばに私は青森県の弘前にいた。夜の寝入りどき、ホテルのベッドが反転するようにとび上がり、部屋全体がボートの上のように大きくゆらいだ。北方数十キロの震源に近い奥尻島では、町がそっくり津波に呑まれた。

翌日、帰京すると知らせがきていた。松井さんが亡くなって、明日が葬式だという。唖然とした。言葉もなく立ちつくし、迷子のように途方にくれた。

死はしばしば前ぶれなしにやってくる。とりわけ松井さんの場合がそうだった。その年の三月。

雑誌に連載していた「韃靼《だったん》海峡と蝶──二十世紀大衆音楽夜話」が『ビギン・ザ・ビギンの幕があがる』のタイトルで本になった。同月、それまでのラジオの仕事に対してゴホービが舞いこみ、仲間によるお祝いの席で松井さんは、今後の計画をたのしそうに話していた。ついては腰をなおしておこう。松井さんの唯一の悩みはヘルニアだった。七月、ベッドがあいたので病院に向かった。とどいた便りには、「じつは小生、八日より二週間ほど入院致します。齢ですのでオーバーホールのためです。病気ではありませんので、ご休心ください」とあった。

無事、手術が終わって、あとは退院を待つばかり。そんな矢先に自宅へ病院から電話があった。退院にあたっての指示ではない。心臓が停止したとの知らせだった。

著書の一つのカバーの袖に、短い紹介がついている。

松井邦雄（まつい・くにお）
一九三四年、秋田市生まれ。北海道大学英米文学科卒。ラジオ専門職次長。著書──『夢遊病者の円舞曲』『悪夢のオルゴール』。

最後の著書の袖の紹介で補うと、ラジオ東京（のちのＴＢＳ）入社後、一貫してラジオ・ドラマの演出・制作に従事。ＴＢＳラジオ編成制作局副理事が正式の役職名だった。死後に出た本の著者紹介でもう少し補足すると、秋田市の生まれは同じだが「父君は薩摩琵琶の演奏者」とある。ラジオ・ドラマ「上海幻影路」で芸術祭大賞を受賞。「一九九三年三月、芸術選奨文部大臣賞を受賞したが、同年七月十七日急逝」。引き写していて「急逝」の二文字に、思わず手が止まった。これほど実態に即した表現もないからだ。

死は酷薄である。無情で、容赦ない。松井さんの死は松井邦雄のすべてを奪い取り、持ち去った。あのテキパキした声、こぼれるような笑顔、豊かな知識、積み上げてきた体験、優雅な書き方、あのやさしさ、あの抜群のセンス。死はあらゆるものを一瞬にしてゼロに返す。あの顔はもう笑わない。もはや松井さんにたずねることも相談することもできない。この世に松井さんがいることによって、いかに自分が大きな安心とやすらぎを得ていたか、死を通して思い知った。もはやこの世にいないというのに、思い知ってみてどうあろう――。

ずいぶん松井さんとは会っていたのに、たがいに私的なことは話さなかった。だから私は松井邦雄について、カバーの袖の略歴以上はほとんど知らない。大学を出て民放に入り、ずっとラジオ部門にたずさわった。名番組として知られたＴＢＳの「ラジオ図書館」は、松井邦雄が両手で囲うようにして育てたものだった。急速にラジオがたあいないおしゃべりとスポーツの場に変わっていくなかで、砂漠の中のオアシスのようにして声のドラマを守りつづけた。

そんな仕事のかたわら、ねばりづよく執筆した。全部でつぎの六冊である。『夢遊病者の円舞曲』『悪夢のオルゴール』『望郷のオペラ』『豪華客船物語』『ビギン・ザ・ビギンの幕があがる』『ヨーロッパの港町のどこかで』

どれも松井邦雄にしか書けない本だった。彼はわが国に珍しいホンモノの知識人であり、知性の人だった。「ホンモノの知識人」とは何か？　教養は当然のことながら、だからといって十分な条件ではないだろう。弁護士、ジャーナリスト、学者、医者など、教養をそなえながら、度しがたいまでの野蛮人を私たちは少なからず知っている。「ホンモノの知識人」とは、いわば精神的な批評体系といったものを身にそなえ、それを実地に生きている人である。調和のとれた美的センス、また抽象への好みをもち、好きな詩はそらんじていて、ふと口をついて出る。ルネサンスの名作と同じようにシュルレアリスムの作品もあげられるし、哲学者のエピソードや音楽家の裏話にもくわしい。問われれば答えるが、もとよりひけらかしたりは決してしない。

すでに述べたとおり、松井邦雄は生き馬の目を抜くようなマスコミの現場で半生をすごした。高らかに現代を謳歌する産業の只中にいて、その威力と無力、エネルギーと喜劇性を身近に見てきた。そして現場のおおかたがいっせいにテレビへ走るなかで、音声だけの場を守りつづけた。マスコミの現状に対する批判をこめてのことだったと思われるが、声高に述べはしなかった。ラジオにおける功績を認められたが、役人がもったいらしく文部大臣賞などを授けるまでもなかったのである。松井邦雄は何百万ものラジオ愛好者から、毎週のように無形の花束を受けていた。

歌が好きだった。それも粋で洒落た巷の歌。「ラ・パロマ」「ハバネラ」「バレンシア」「パリの空の下」「ヴィオレッタに捧げし歌」……。作り手はコール・ポーターのような百万長者の息子もいたが、多くがひと山もくろんで新天地に渡ってきたユダヤ人を親にしていた。作曲家の手になったというよりも、むしろ大衆の願望が生み出した歌だった。松井邦雄は歌を通して巧みに時代の匂いをすくいとった。それぞれの歌の誕生を、生き証人をかりるようにして、立証していく。ラジオで鍛えた人は、ちょうど警官にとっての指紋のように、「声紋」を聴きとる耳をやしなっていたのではあるまいか。ついてはさりげなく警抜な指摘がちりばめてある。「ビギン・ザ・ビギン」を語って、「この曲には微量の毒が仕込んである」。「ラ・パロマ」がひびき出すと、いつもきっと心がさわぐ。「エル・チョクロ」ときたら、「水たまりには月、腰にはリズム」とうたい、「愛し合うには、生きるか死ぬか」と問いつめてくる。遠い南半球のかなた、ラ・プラタ川のほとりならわかるが、それがどうして地球の反対側、極東の島国の男をしびれさせたりするのだろう？

松井邦雄によるとコール・ポーターのエスプリは、アーティ・ショーのアレンジよりも越路吹雪の歌にこそ生きている。「あのリズムのとり方には、どこか、小唄や都々逸の間《ま》を思わせるものがある。この人が歌うと、バタ臭い歌が、日本の女の唄になった」

松井邦雄が取りあげた歌は、はじめは何百、何千もの歌の一つにすぎなかった。そのうち気がつく——ちょうど恋のはじまりのように——ただ一つの歌が不思議な磁力を発しているではないか。聴くつもりはないのに聴いてしまって、なんともいえずいい気分になる。もう一度聴きたがり、またもう一度となって、「そうなったら手遅れだ。死ぬまで、その歌とつきあうしかない」。

リチギ者の松井邦雄は、いつもそんなふうにつきあってきた。歌にも、人にも、自分にも、仕事にも、青春にも。歌が手引きして、不思議な内面旅行へと導いていく。「雨に唄えば」のジーン・ケリー、フレッド・アステアとシド・チャリシの「バンド・ワゴン」。あるいは「掠奪された七人の花嫁」、さびしい山猫の歌。歌のなかに眠っている祝福が、いきいきとめざめてくる。松井邦雄には歌が生きていた。ドラマをもっていた。一つの歌が貧しい時代に祝祭を与えてくれた。このように歌を語ることができた人は二人といない。

昭和九年（一九三四）の生まれであって、十一歳の少年として敗戦を迎えた。そのあとは戦後風俗のゴッタ煮である。ズンドコ節《ぶし》、新円切り換え、大下弘のホームラン、総天然色映画「ロビン・フッドの冒険」、ララ物資の給食、マッカーサーのゼネスト中止指令……。昭和二十年代の出来事と世相を、少年のまなざしで受けとめて成長した。

『望郷のオペラ』の表紙カバーの折り返し、著者近影にあたるところに、ヘンな写真がついている。ゴロンと大きな土管がころがっていて、腰をかがめたズック靴の少年が見える。いまのいままで、土管にもぐりこんで何をしていたものか。土管の中は孤独な少年が夢想をはぐくむのに打ってつけであって、「聖者の庵室」といったものなのだ。

その少年の額にニキビが出だしたころ、彼はせっせと映画館に通っていた。スクリーンがまだ「銀幕」などと呼ばれていたころで、地方都市にも粋な映画がまわってくる。ジャン・ギャバンの「望郷」、ジュリアン・デュヴィヴィエの「舞踏会の手帖」、クルーゾーの「情婦マノン」さらに「マルタの鷹」「ヴェラクルス」……。親の財布からくすねた小遣いで、彼はそっと映画館にもぐりこむ。いまやこちらの暗闇が「聖者の庵室」というものだ。

そんな秋田の高校生が、どうして北海道の大学を選んだのか。北方願望があったのかもしれない。身なりはひどいものだった。進駐軍放出のズボンとドタ靴。青函連絡船に乗るにも、お米をつめたリュックを抱いてのことだった。一九五〇年代後半の札幌。青年は空腹をこらえてスクリーンに見入っていた。夏がくると港町で倉庫番をした。そんな夜はくり返し「夜ごとの美女」を思い返した。ペドロ・アルメンダリスとマルティーヌ・キャロル。若いイヴ・モンタンの歯ぎれのいいバリトン。丸山薫の詩とリタ・ヘイワース。㊩の大和煮と、名画座の二本立てと、きつねうどんと、ピースのバラ売り。即席の色男は親父の遺品である戦前版のコンサイス英和をひきながら、より抜きの二人にラブレターを書いた。成果が報告されている。ヴィヴィアン・リーからはサイン入りの写真といっしょに美しい青磁色の便箋で返事がきた。ニコール・クールセルは梨のつぶてだった。青年は自分に納得させた。「〈中央軒《カフェ・サントラル》〉の勘定がいそがしかった」せいだろう。わかる人にはわかるはずだが、ヴィヴィアン・リーとニコール・クールセルが大好きだとは、いかにも松井邦雄らしいのだ。

とびきり忙しい職場の人が、生涯に六冊の本をのこした。どこで執筆したものか。テキパキと仕事を片づけると、行きつけの店のテーブルを借りたこともあったらしい。あきらかに「この時代」に生きている人だったが、それを追う人ではなく、また追われる人でもなかった。通勤電車では同じサラリーマン諸氏とお尻をくっつけていた。神妙な顔つきで吊り広告をながめている。その頭が何を考え、その胸中に何が駆けめぐっていたか、もとより誰にもわからない。ときおり満員の車内にあって、遠くを見るような目つきをしたかもしれない。何かを思い出そうとしている。細い糸をたぐるようにして思い出している。あるいはそうではなかったのか。むしろ何かを忘れようとしている。あるいは何かをこらえている。こらえることの辛さと甘美さ。
好むと好まざるとにかかわりなく、誰もが「この時代」に生きなくてはならないと思いこんでいるなかで、聡明な松井邦雄は知っていた。人間は勝手に、自分の好きな時代を選んで生きることだってできるのだ。

そんなふうにして、彼はあるときは両大戦間のヨーロッパにいた。大西洋航路でブルーリボンを競った豪華客船の乗客だった。それは松井邦雄の「夢の城」だった。黒い船体に純白の客室。少しうしろにそった煙突。マストには色とりどりの万国旗がはためいている。

「夢の城」はたいてい女性の名前をいただいて処女航海に出た。多くの人を運び、多くの人生を運んだ。その身に乗せた男たちに劣らず、彼女たちもまた、さまざまな運命を荷なっていた。ある船は薄命だった。歴史の波に翻弄されたあげく、老いさらばえてなお洋上をさまよい、とどのつまりはスクラップとしてたたき売られた。一九二九年十月二十四日、いわゆる「暗黒の木曜日」、ニューヨークの株式市場が大暴落を起こした。船上でニュースを聞いたある男は、自分が一夜にして「元富豪」に落ちぶれたことを知った。

べつのときだが、彼は遠い旅の途上にいた。タンジール、ジブラルタル海峡の入口のモロッコの港町。現地の人はタンジェという。つづく旅程はマルセーユ、オンフルール、カディス、ナポリ。まるで自分に誓い立てしたかのように港町ばかりをよっていく。寝不足の顔でトランクをさげ、ターミナルを出た。駅裏のネオンが暮れのこった夕空にまたたいている。なぜか人恋しくて、足はホテルへと向かわず、港に近い旧市街の方へと歩いている。いつのまにか「つぎの航海への通過点にすぎなかった港町が、里心をそそるなつかしい街に変わっているのだ」。

そもそもモロッコの港町へ中年男を導いたのは、遠い昔の映画「タンジールの踊子」だったのではあるまいか。正確にいうと映画ではなくポスターを見ただけ。ヘソを出したグラマーな踊子が髪をふり乱して濃艶なダンスをしている。高校生はきっと小遣いがたりなくて涙をのんだのだろう。しかし、一枚のポスターがタンジールを不滅にした。「私はその一枚を後生大事に抱えて、自分の世界地図をすこしずつ塗り替えてきたというわけだ」

マルセイユで松井邦雄は考えた。港町というところはふしぎなところだ。地上の終着駅で、同時に自由への出口ときている。船主にわたりをつけて港を突っ切って行きさえすれば、新天地はその先にある。だが、決心がつかないのだ。あれほど光り輝いていた喜望峰の突端が、みるみる霧の中に隠れてゆく。まあ、いいだろう――と、この旅行者は小声で呟く。その気になれば、いつだって船はちゃんとそこにいる。しおどきを見て、黙って波止場へ歩き出せばいいではないか。沁みるようにやさしい英知とはずむようにイキのいい文章。そこにきまって良質の知識が添えてある。わが国に数少ない大人の本であって、人生の元手がかかっている。それでいていつもどこか、初々しい少年のいたずら心にみちている。

夢のセールスマンのアタッシュケースのように、ここには不思議な魅惑がいっぱい詰まっている。頁をくるごとに、特有の色と匂いをもった知的風景がつぎつぎとあらわれる。記憶の底にしみついているものを思い返すなかに、ゆっくりと時が流れ、松井式磁力でもって引き出されるようにして復元図が顔を出す。そういった文業は、はつらつとして外に開いた自由な精神がなくては、とてもできないことなのだ。

松井邦雄は二十世紀のたそがれ、太陽がまっ赤に燃えながら、なだれ落ちるように沈んでいくなかにいた人である。当人はたしかに二十年以上も前に亡くなっているが、しかし私にはいなくなったわけではなかった。いつも思うのだが、死者との微妙な時間の遠近法は、夢の構造とよく似ている。

西江雅之

にしえ・まさゆき
言語学者・人類学者

東京の西の郊外町三鷹に住みついて四十年になる。再開発でビルが立ち並ぶ以前の中央線三鷹駅前。つましい商店の並ぶ駅前広場の角っこの小さな喫茶店〝しもおれ〟で、西江さんと知り合った。

正確にいうと、〝しもおれ〟だったかどうかわからない。となりが古本屋、そのとなりがヤキトリ屋で、ヒマ人はまず喫茶店でイップクし、古書店をひやかし、おやじとおしゃべりをして、ころ合いを見てヤキトリにうつった。時間なり気分なりフトコロぐあいで、順がいれかわる。ともあれ駅前の三軒でノンビリと半日過ごせた。

あるころから、ほぼ同年輩の同好の士がいることに気がついた。三つ向こうのテーブルでヤキトリをほおばっていたり、先客として古本屋のおやじと向き合っていたり、喫茶店の女性としゃべっていたりする。

誰に氏素性を教えられたのか、もう覚えていない。ともにそのころ大学に勤めていたが、ガッコーの話はしなかった。プライベートにわたることは、訊きもせず訊かれもしない。専門に及ぶことは問うまでもないし、問われもしなかった。では、何を話していたのかというと、旅のことや食べ物のことだった気がする。西江雅之には『花のある遠景』や『異郷の景色』など、すぐれた旅のエッセイ集がある。見知らぬ土地で、自分だけの出会いと発見をした人の印象深い言葉がちらばっている。

ただし、それは著書のレベルであって、顔をつき合わせているときは、旅先のエピソードが主で、それもこっけいな失敗ばなしだった。西江さんはダジャレをまじえて、「ヒヒヒ」とひとりで笑っていた。

「暑いですね」

「夏はチヂミのシャツにかぎりますね」

「そう。チヂミのシャツにステテコ」

それが東南アジア系の古典的スタイルであって、むし暑い夏がくるたびに、自分たちが東南アジア人であることを思い知る。定期的に雨期と台風がめぐってきて、災禍をもたらす一方で、それが運びこむ大量の水が作物の生育に欠かせない。

経済の高度成長にくらまされ、日本人は東南アジアに特有の日常を忘れてしまった。巨大ビルをガンガン冷やして、朝から夜中まで働き、家にもどってもヒヤリとするほど冷房していないと暮らせない。西江さんも私も、そんな日本人のなかの少数の東南アジア人だった。朝は早起きして涼しいうちに仕事をすませ、午後はお昼寝、夕方ちかくになって散歩に出る。そうやって体力の消耗を防ぎ、じりじりと照りつける季節をやりすごす。

何がきっかけだったか、あるとき「自分のいちばん古い記憶」の話になった。西江さんのそれは、ガランとした部屋の中に、やわらかい柱のようなものがボンヤリ建っている、というのだった。そのとき私が何げなく、虫やけものがこの世に生まれ出たとき、そんな世界を見ているのではないかと言うと、西江さんは顔を紅潮させてよろこんだ。「虫やけもの」の同族とみなされたのが、よほどうれしかったらしいのだ。

痩せ型で背が高く、色が白く、頭は五分がり。たいてい開襟シャツで、ネクタイ姿は見たことがない。ひと月風呂に入らなくても、自分の体はにおわないとイバっていた。

「嗅いでみますか？」

ボタンを外しにかかるのを押しとどめたことがある。

兵庫県の西部を、夢前川《ゆめさき》、揖《い》保《ぼ》川の二つの川が平行して流れている。西江雅之は疎開して、揖保川のほとりで少年期を過ごした。私の母の里は夢前川のそばで、夏休みはいつもその里で過ごした。以前、『銀花』というシャレた季刊誌があって、「ふるさとの川」という特集に、それぞれがあらためて幼いころの川を訪ねて紀行文を書いた。西江雅之の「揖保川」と池内紀の「夢前川」がとなり合って掲載された。私たちは幸せだった。

べつのときだが、西江さんは講演かなにかのもどりらしく、木でできた五徳のようなものをたずさえていた。アフリカのどこやらの生活具だそうで、これ一つで日常のおおかたをまかなう。寝るときの枕、休むときの腰かけ、食べるときの食膳……。何だってこれ一つで足りる。

どれほど少ない所有物で生きられるか。それが本当の文明度——物量あふれる近代社会は、文明の仮面をひっかぶった野蛮にすぎない。この点でも、ともに同じ考えで、ケータイなし、パソコンなし、クルマなし、テレビなし、新聞なし。ないもの尽くしを誇りにしていた。

「ちかごろ、どこかへ行きましたか?」

たいてい、そんなセリフが話のきっかけだった。西江さんはアフリカ、東南アジア、南米、中国大陸。こちらは九州、伊豆、奥日光、たまにヨーロッパ。地球上のスケールはまるでちがったが、小さなリュックが一つあれば、ひと月でもふた月でも過ごせる点はかわらなかった。どれほど少ない荷物で旅ができるか。生きる知恵の復習をしているようなものなのだ。

「フジヤマ　売ります
ミヤジマ　売ります

ニッコウ　売ります」

「観光立国」と称して、観光庁が外国人観光客誘致戦略とやらを発表したとき、私は詩人竹中郁《いく》の詩「観光日本」をコピーして西江さんにわたした。以来、おしゃべりのなかに詩の切れはしがまじりこんだ。世相をからかうのにピッタリなのだ。

「ニッポン　どこでも売ります」

「キョウト　ナラ　みんな売ります」

西江さんは地名をとりかえ、ヒャヒャヒャヒャと頭に手をおいて笑うのだった。「わたし　揉《も》み手します／わたし　造り笑い　します／お金たくさん　たくさん　よろし」

こんなマンザイを、店の女性たちがニコニコして見守っていた。

三鷹駅前再開発がもち上がり、〝しもおれ〟も立ちのきの事態にせまられた。

「及ばずながら力になりましょう」

二人して用心棒のポーズで写真をとり、店に飾ってもらえば、交渉の際に多少の効用があるのではあるまいか？〝しもおれ〟は若い女性三人が共同でやっていた。聡明な女性たちは巧みに当局と交渉して、ピッタリの移転先を見つけてきた。心やさしい彼女たちは、ちっとも役に立たなかった用心棒のポートレートを、新しい店の食器棚のわきにピンでとめてくれた。

新しい〝しもおれ〟は二方がガラスで、通りから往来が見える。私には人と会う応接間にあた

旧「しもおれ」前にて，用心棒二人

るので、たいてい奥の椅子にすわっている。往来をながめているとき、われ知らず、やや前かがみにせかせかやってくる長身の人を求めている。向こうもこちらをうかがっている。通り過ぎるとき、手で合図してそれでおしまいだが、その日いちにち胸がふくらんでいた。

朦朧ガンのことも〝しもおれ〟で聞いた。

「なんだ、先にいっちゃうのか」「死んだらゴミだからね」「まあ、そういうこと。でも、さみしくなるなァ」そんなやりとりをした。

むろん、そのときはまだ、そのさみしさがどんなに深いものか、まるでわかっていなかった。いまも定番の椅子にすわると、すぐさま目がガラスごしに、往来のヒョロリとした人を求めている。

米原万里

よねはら・まり
ロシア語通訳・エッセイスト

つい昨日のことのように覚えている。せわしなくノックの音がして、ドアが細目にひらき、つづいて顔がのぞいた。眉をひそめて、泣き出しそうな表情。授業に遅れた小学生が、こわごわのぞきこんでいる、そんなぐあい。

このように米原万里は、わが前に現われた。授業ではなく対談であって、三十分ばかり遅れてやってきた。万里さんの新刊をめぐるもので、発行元のＰＲ誌に広告を兼ねてのせる。自分の本のための相手役を待たせたわけだが、当人のせいではない。横須賀線が事故を起こした。

編集部に連絡があり、私はしたしい女性編集者と珈琲を飲みながらおしゃべりしていた。このような場合、待つほうはなんてこともないが、待たせるほうは、地獄の釜茹でにあっている気分である。気はせいてもコトは少しもはかどらず、時計を見るのが恐ろしくなる。

いまにも泣き出しそうなあの顔が記憶にしみついている。目にした瞬間とっさに、米原万里は通訳をしていて何度――いや、何十度――地獄の釜茹でにあったことだろうと考えた。通訳は一分たりとも仕事の場に遅れてはならない。当事者は平気でスケジュールを変更するが、いかなる事態になろうとも、通訳がその場にいないなんてありえない。

しかし、乗り物は遅れるものだし、事故や渋滞はのべつある。どのように用心してかかっても、ときに地獄の釜茹では避けようがない。おりにつけ身もだえするような焦燥感のなかで時計を見つめていたにちがいない。そんなとき、さぞかしこのような泣き顔をしていたのではなかろうか。

そんな思いが頭をかすめたのをはっきりと覚えている。だのにそのあと、どんなやりとりをして対談に入ったのかは、まるきり記憶にないのである。たぶん、何ごともなかったように迎えたら、米原万里はごく自然に応じてテーブルについたのだろう。それから二時間ばかり、この上なくたのしいおしゃべりをした。

『嘘つきアーニャの真っ赤な真実』が出たところだった。それをめぐる対談を企画して、編集者は相手役に困ったらしい。前半はプラハのソビエト学校が舞台になっている。後半は同じ学校で机を並べていた親友三人を尋ねあるく話。

懐かしの同窓生モノならどっさりあるが、これはまるでスケールがちがうのだ。ソビエト学校は正確には「在チェコスロヴァキア・八年制ソビエト大使館付属学校」といって、プラハの国際機関に赴任してきた共産党員の子弟の教育のためのもの。「冷戦」がいわれ、「鉄のカーテン」が下りていたころ、プラハには東側の国際機関が集中していた。

おのずと同窓生といっても、まるきり毛色がちがっている。親友三人の一人はギリシャ人亡命者の娘でリッツァといった。もう一人は父親がルーマニア共産党の幹部で、その娘アーニャ。三人目はユーゴスラビア人ヤスミンカ。日本人娘の米原万里は二学年に編入され、第七学年の途中で退学。同窓生探しを思い立ったとき、リッツァとアーニャ、ヤスミンカと別れて三十年の歳月がたっていた。

帰国子女の異国・異文化体験というのもどっさりある。だが、これはまるきり条件がちがうのだ。日本人学校といった便利な施設ではなく、イングリッシュ・スクール的なインターナショナル性はもつにしても、ロシア語教育であって、数十ヵ国の子供たちは、すべて共産党員の子弟ときている。

編集部は思案して相手役には、プラハという唯一の共通項をたよりに白羽の矢を立てた。ドイツ文学のなかでもプラハ・ドイツ語のカフカにくわしく、何度もプラハへ出向いていたことを知っていたからである。私は『嘘つきアーニャ』をことのほかの興味でもって読み、二つ返事で引き受けた。その際、うっかり米原万里が自分より十歳年下であることを忘れていた。

一九六八年八月、私はオーストリア政府奨学生としてウィーンにいた。滞在二年目、なじみのカフェがあり、いきつけの酒場があった。定期的に会う人もいた。異国の自由と、ちょっぴり将来への不安を味わっていた。

そんなある日、ラジオから異様な音が流れてきた。雄叫びのような群衆の声だが、あきらかにサッカーの対抗戦ではない。あいまにかん高いレポーターの声がまじりこんだ。状況が刻一刻と変化していく。その証拠のように、ときおりレポーターの声がとぎれ、群衆のざわめきとも機械音ともつかぬ地鳴りのようなひびきが聞こえてきた。

おりしも「プラハの春」が世界の注目をあびていた。チェコスロヴァキアで大胆な自由化運動が進行中だった。「人間の顔をした社会主義」をスローガンにドプチェクやチェルニクなど、スターリン主義者にとって代わった新指導部が、共産党による権力の独占の否定を打ち出した。集会と結社の自由・検閲の廃止・出国の自由……。国民の圧倒的支持のもとに、新しい党の方針が実現へと向かいかけていた。

その恩恵をこうむって、ほんの十日ばかり前、私はウィーンの友人たちとプラハ旅行をしたばかりだった。チェコ人の英雄ヴァツラフの騎馬像のある広場でビールを飲み、夜はヤロスラフ・ハシェクの『兵士シュヴェイクの冒険』でおなじみの居酒屋で大騒ぎをした。

八月二十日、ソ連を中心とする東欧五ヵ国軍二十万が事前通告無しに国境をこえてチェコへ侵入。戦車隊は一路プラハに向かった。翌日、プラハ制圧。「反革命」の名のもとにチェコ指導部を逮捕してモスクワに連行。二十二日、プラハに戒厳令。二万人抗議デモ。チェコ全土でゼネスト——。

民衆がヴァツラフ広場を埋めつくした。ウィーンでは時間刻みに号外が舞った。誰もが食い入るようにテレビの画面を見つめ、ラジオに聞き入っていた。歴史がきしみながら動いていた。ヨーロッパの小国は、とりわけきしみに敏感だ。それは戦車の不気味なキャタピラの音とともにやってくる。

ウィーンの通りにはひとけがなかった。カフェでは息をひそめたようなささやきが交わされていた。誰もがハンガリー事件のような流血を予想した。ドプチェクやチェルニクほか「プラハの春」の立て役者たちが殺された、という噂が流れた。正確にいうと「殺されたという噂が流れているという噂」であって、噂であるかぎり信用できないが、しかし、噂が流れるからには、何らかの根拠あってのことではあるまいか。

奇妙な静けさの支配した街で、当時二十代だった私はヨーロッパというものを、そのとき初めて肌身で知ったように思った。石畳に耳をつけると、はっきり地鳴りがして、地ひびきが伝わってくる。コマの一つがはじかれると、国家がなだれを打ったように動き出し、昨日までの日常が一挙に変わる。

政治権力にかぎらない。人々の生活や文化、むろん文学も同じ基盤の上に立っている。こころならずも歴史の犠牲になってきた人々が膨大にいる。それへの眼差しを忘れないこと。その一点を手始めとしなくては何ごとも始まらない。ひそかな啓示を受けた思いで、われひとり興奮しながら、私は人影の絶えた通りを歩いていた。

対談はじめの米原万里の言葉が、とんだミスキャストを告げていた。

「わたしがプラハにいたのは、一九五九年の秋から六四年の暮れまでですが、池内先生も同じような時期にプラハにいらしたそうですね？」

編集者はそのような理由でもって、著者に相手役を承知させたのだろう。十代の娘が五年の四季を過ごしたプラハと二十代の奨学生が「プラハの春」のスキをついてのぞき見したプラハとでは、まるきりちがうのだ。ともに語るなんて、とてもできない。

聡明な万里さんはこちらの無能を見てとって、直ちに話題をかえてくれた。

「社会主義にあこがれていた人たちにとっては、五六年のスターリン批判とハンガリー事件でかなり幻滅し、それをさらに駄目押ししたのが「プラハの春」でした」

あとはいたって順調だった。ソビエト学校のこと。まるきり異言語・異文化の世界に投げこまれた少女が、どんな苦闘を強いられたか。それについてはエッセイを通して、すでに私はよく知っていた。そんな環境にいると母国に対して、特殊な心情をやしなっていくことを、自分の体験でも承知していた。

米原　わたしもつい背負ってしまいました（笑）。日本にいるときは国なんて全然意識しないんですが、ヨーロッパでは常に隣国と鼻を突き合わせ、鍔《つば》ぜり合いをしているでしょう。
池内　迂闊に国というものを捨ててしまうと何もなくなってしまいかねないですから。
米原　だから、本当にたあいもないことを自慢しあっていました。たくさん雨が降るとかね（笑）。

（笑）がまじりこめば、しめたものだ。そのあとはやりとりの区切りごとに（笑）がついている。米原万里は笑いのもつ機能と効能を人一倍よく知っていた。そもそもそれがなくては外国人と中身のある話など、とうていできっこないのである。ウィットをもつということは、とりもなおさず人間が犬でもサルでも虫でもないしるし。（笑）がはさまったからこそ、米原万里の口から、こんな警抜な見方がこぼれ出た。

「社会主義体制がかなり堅牢だった頃は、社会主義陣営と資本主義陣営の対立があったけれど、これが取り払われてしまうと、その裏にあった宗教とか民族の対立がモロに出てきました。そうなってみると、あのイデオロギー対立自体、本当は宗教対立の仮の姿だったのかもしれないという気がするんです」

「プラハの春」から「ビロード革命」まで二十年あまり。それは元奨学生にとっての年限であって、元十代の娘には三十年になる。「ビロード革命」とは、なかなか意味深い言い方であって、劇場はきまって美しいビロードの幕をもっており、その幕がゆっくり上がったとき、社会主義体制がなだれを打つようにして崩れていった。そして娘はロシア語通訳から旺盛な表現力をもつ作家になった。その途上に三十年ぶりの「探し物」の旅をした。

「でも、東欧が激動し、社会主義が総崩れしていくと、友達はいったいどうしているのかと気になってきて……。社会主義時代も情報の壁が厚くてなかなか調べられなかったのですが、それが崩れてしまうと、痕跡さえなくなってしまいました」

いくつもの偶然と、テレビという強力なメディアが手助けをした。リッツァはドイツで開業医をしていた。アーニャはイギリス人と結婚してロンドンに住んでいた。画家志望だったヤスミンカは画家を諦め、故国でロシア語の通訳をしていた。

池内　三一年ぶりに会って、すぐに彼女たちだとわかりましたか。

米原　電話で約束して会いましたから。もしも道ですれ違うだけだったら、絶対にわからなかったでしょうね。彼女もわたしも（笑）。
池内　姿は変わりますからね。米原さんなら、すぐわかるでしょう。あちらの人はヴォリュームが別人になる（笑）。

再会までの経過には探偵小説を読むようなスリルと謎があった。スリルは過ぎ去った時間の置き土産だが、謎は米原万里の内面の産物だった。つたない聞き役を慰めるように、彼女はつぶやきのような言葉で対談をしめくくった。

「子供だったからわからなかったこと、閉鎖的な社会だったからわからなかったこと、そういうのが、再会してみるとまったくこちらの思い違いだったとわかったりして、謎が解けるおもしろさがありました。でも一方では、自分はすごい思い違いのなかで夢を見ていたんだなあということもあって、それがあらためて確認できました」

テレビ版では終わり方がちがっていた。米原万里は「『嘘つきアーニャの真っ赤な真実』を書いた理由」と題して、そのこともきちんと書いている。かつては「国と民族を背負う」ほど熱烈な愛国者だったアーニャが、三十年後にロンドンの住居で述べたこと。

「わたしの中でルーマニアは一〇パーセント以下、もう完全なイギリス人なの」
「国境なんて二一世紀には無くなるのよ」
「民族とか言葉なんて下らない」

テレビ番組はアーニャの言葉を「追認」するかたちで終わっていたようだ。放映は一九九六年二月。さぞかし意味ありげなナレーションと音楽つきで「国や民族や言葉から自由になる二十一世紀」と、高らかにうたい上げるエンディングになっていたのだろう。

「わたしにはこのアーニャの発言が心に引っかかった。番組を録画したビデオを見たリッツァやヤスミンカの反応は、さらに過激だ。「胸くそ悪くてアーニャの発言のところでスイッチを切ったわ」」

米原万里は明快に欺瞞と偽善をかぎとった。終わりを情緒的な詠嘆にして感動したがる日本的心情のおめでたき、自己満足ぶり。口では「グローバル化」「国際化」と念仏のように唱えながら、その心情のあり方からすると実のところ、グローバル化からも国際化からも、もっとも遠いところにぬくぬくと居すわっているだけではないのか。そもそも「国や民族や言葉から自由になる」とはノンセンス以外の何でもない。この地球上のどこに、そんな人間の居場所があるというのだろう。

テレビの仕事が終わったあと、米原万里はあらためて二度にわたり三人の級友を訪ね、インタヴューをかさね、嘘つきアーニャの物語を書いた。正直アーニャには、それをせずにいられない。二〇〇八年九月、山形県川西町の町立フレンドリープラザで米原万里展が開かれた。NPO法人遅筆堂文庫プロジェクトの主催になる。展覧会のタイトルは「ロシア語通訳から作家へ」。その目録巻末の「米原万里仕事一覧」は七十頁に及んでいる。誰もがつい生き急ぎを思うのではあるまいか。とはいえこれが米原万里のペースであって、当人はべつに急いだ思いはなかっただろう。

しかし私には、ときおり万里さんがペンをもって、あのときドアからのぞいたときのような顔をしていたような気もするのだ。とびきり自分に正直で勇気あるこの女性は、あきらかにあるべき未来の女性を先どりしていた。

赤瀬川原平

あかせがわ・げんぺい
画家・作家

九州の鹿児島に二級河川の赤瀬川がある。私はこの目で見たわけではないが、尾辻克彦が自筆の年譜に述べている。昭和五十年（一九七五）五月、父を失い、家族ではじめての葬式を出した。そのあとのくだり。

「六月、前から懸案だった九州行きを父の死で実行する。二十三年振りの大分に、気もそぞろ。ひきつづき鹿児島へ行き、父やその兄弟たちもおぼろげにしか知らなかった二級河川の赤瀬川を見つける。その本流である花瀬川の景色に感激して立ちつくす」

川を一級・二級に分けたのは、たぶん建設省土木課あたりのしわざであって、川自体は等級を自覚して流れているのではないだろう。それにしても何を基準にして分けたのか。長さとか川幅とか水量とか、そういった物理的特徴によったとすると、利根川や信濃川はきっと一級河川だと思うが、だからといって断言はできない。というのは、ごくちっぽけな川に標識が立てられていて、誇らかに「一級河川」と添え書きされていたりするからだ。

とするとお酒のように、さらに一級の上があって、利根川や信濃川には特級とか大吟醸風の名称が与えられているのかもしれない。あるいはわざわざ「一級河川」の添え書きつきを立てたのは、もともと二級であったものが一級に格上げされたせいとも考えられる。地元の運動や地元選出の代議士の政治力があずかっていて、それを世間に示すためにも標識が立てられたような感じがするのだ。

しかし、地元の運動や代議士の政治力をもってしても、川が急に長くなったり、川幅がふくらんだり、水量がふえたりする気づかいはないから、一級・二級は物理的な物差しではなく、もっとべつの基準によるのかもしれない。たとえば、当該地域における当該河川の社会的機能性、並びに生態学的重要度といったことだ。土木課では、そんなものの言い方で全国の河川を審査しているのではあるまいか。

尾辻克彦の年譜にもどると、「前から懸案だった」とあるから、かねがね九州行きを気にかけていたのである。父の死をきっかけにして出かけていった。父親は赤瀬川廣長といって九州・薩摩の生まれ。

「父は鹿児島の出身である。鹿児島の男には〝雄飛する〟という傾向があるようだ。父の兄はアメリカへ渡り、その弟は満洲へ行った。父は外国ではなかったけれど、〝雄飛〟したのは東京だった」（『父が消えた』）

法事とか何かで雄飛組が顔を合わせることがあって、そんなとき故里の話が出たのだろう。ついては「赤瀬川」の姓の由来について論議が交された。「父やその兄弟たちもおぼろげにしか知らなかった」とあるところをみると、論議はかなりあやふやなかたちで進行し、「いずれそのうち訪ねてみたいものだ」といった、おさだまりの結論をみたのではなかろうか。

父・赤瀬川廣長氏の前半生は雄飛に値したが、後半生は、どちらかというと不遇だった。それは尾辻克彦の年譜にもしるされている。

「終戦を境に父は失職し、家庭の経済は下降線をたどる」

赤瀬川家では家族全員で袋貼りや荷札の紐つけ、ミットの編紐といった内職にとりくんだ。以来、死までの三十年のあいだ、父親はおりにつけ故里の話をしたのだろう。不遇の人にとって生まれ故郷はひときわ懐かしく、うるわしいものなのだ。そんな呟きにも似た思い出を聞きながら、何かのおりに鹿児島に寄って、その見聞を父に知らせたいものだと尾辻克彦は思った。ひと足おそかったとはいえ、「父の死で実行する」のひとことに、孝行息子の決断がみてとれる。

「旅というのは思い立ったときに出かけておかないと、なかなか行けない」（「旅は決断である」）

赤瀬川原平による報告によると、鹿児島は父の故郷で前から興味があった上に、戸籍名の赤瀬川と同じ川が鹿児島のどこかにあるらしいと聞いてから、なおのこと好奇心をかき立てられていたという。

「それでいずれ行こう行こうと思いながらも、特別に用もない旅行というのは、口先でいずれいずれというばかりでなかなか実行できない」

そのうち、鹿児島の赤瀬川のことを教えてくれた父があの世へ行ってしまった。父の死の前にその故郷へ旅をして、その見聞を聞かしてやればよかったのに。実際は父の死によってその旅行を実行することになるのだから皮肉というほかない。

「それを決心したときのことはよく覚えている」

なんでも、その鹿児島の「赤瀬川」に興味をもった友人が一人いて、その人と何かで会うたびに、いずれ行こう、いずれ行こうなんて言い合っていた。父の葬式も終わり、気持ちも用事も落ち着いたころだったそうだが、何かべつのことで友人と会った。所は西荻窪駅前の喫茶店の二階。話のあいまに「いずれ」の旅行の話になり、例によっていずれ行こうということになった。つづくやりとり。

「そうだよ、行こう行こう。こんなの考えてたらいつまでたっても行けないんだから」

と、これは友人。

「そうだよね。行けば行けないことないんだから」

と、これが赤瀬川ご当人。

「よし、あさって行こう」

「あさってか。よし」

ご当人は、しかし、内心まだ渋っていた。

「いま切符買ってきちゃおうか」

と、これは友人。

「いま。うーん、あさってだからまあ買うのは明日でも……」

と、これがご当人。

「いやあ、決めたんだから買っちゃおう」

「うーん、買っちゃおか」

そのとき友人がちょうど一万円札を何枚か持っていた。

「よし、いまちょっと買ってくる」

目の前が駅である。二階の喫茶店の窓から友人の後ろ姿を見送りながら、赤瀬川ご当人は、

「うわあ、とうとうそうなっちゃった」と思った。つづく二行。これを引きたいから、ここまでながながと引用してきたわけである。

「自分の決心に内心照れながらへらへらしていた。体がちょっと浮いてしまったような、そのときの感じは忘れられない」

尾辻克彦の「父の死で実行する」の脚注にあたる、文字どおり根っこのところだ。「原平」の名前はダテではない。「原」の一字をいただいて、いつもそもその原因にまでもどっていく。川でいえば源《みなもと》。

尾辻克彦の年譜によると、二十三歳のとき、はじめて「赤瀬川原平」の名前でネオ・ダダ展に、赤いゴムのチューブと真空管を使ったオブジェを出品した。つづく読売アンデパンダン展には「ヴァギナのシーツ」を出展。内臓を外にさらしたわけだ。人間存在を追っかけていくと、いやでもゴム管やチューブにいきつく。食道や血管や腸や性器をはじめとして、おおよそ人体は管《くだ》で成り立っているからだ。ものものしく実存主義が論じられていた時代にあって、原平が「実存」そのものを明快な作品にした。「社会」そのものを千円札で示したのと同じである。源にまでさかのぼる。

では「旅は決断」の源流行はどうだったか。列車を乗りついで九州の南端に来た。

「そして明くる日は錦江湾を大隅半島へ渡り、父から噂だけ聞いていた〝赤瀬川〟を見つけて、その水に足をひたしたのである」

私は愛用の『常用　日本地図帳』の大隅半島に虫眼鏡をあててさがしたが、赤瀬川は見つからなかった。二級河川は表記しないのかもしれない。ただ半島の先っぽちかくに短い川があって、河口を赤瀬崎という。原平さんはこの近くで足を水にひたしたのではあるまいか。

ちょっとしたかかわりがあって、ときおり赤瀬川さんに会うことがあった。赤瀬川さんに会うというより、小さな定期の集まりに出かけていくと、同じく定期的にやってくる赤瀬川さんと出くわすわけだ。定期的といっても、何かしらの都合でつい不定期になることもあり、そんなときは出かけないから出くわさない。ただ赤瀬川方にも何かの不都合で不定期になることがあり、その不定期が双方で定期的に起こり、自分が出かけなかったから出くわさなかったのだと思っていたが、あとで知ったところによると、その日はともにおやすみで、その点でも定期的が間断なくつづいている。

その集まりには四角い部屋と長細い部屋が用意してあって、はじめ四角い部屋にたむろしていたのが、つぎには長細い部屋のテーブルに移動する仕組みになっている。あくまでも仕組みであって、なかには用件にかこつけ四角い部屋どまりでいなくなる人もいる。そういう用件のある人は、だいたいいつも同じような用件をもっており、その人にとっては四角い部屋が長細い部屋も兼ねているわけで、その点、移動の仕組みはきちんと踏襲されている。

号令がかかって移動するのではなく、一人が移ると、そのうちなんとなく順に移っていくようで、配られた弁当を食べたりする。

「たとえば空を飛ぶ何十羽、何百羽という鳥の群れを見ていていつも思うのである。あれは一羽一羽の鳥に見えるのだけど、厳密にいうとあの群れ全体で一匹の生き物なのではないだろうか」(「ヌル状のもの」)

ふだんは勝手に飛びまわって餌をつついたりしている。自分のクチバシでものを食べ、自分の肛門から糞をして、そのかぎりでは「一羽一羽が完全に分れて、別個のものとして自立」している。

ところがそこへ猫があらわれて、いっせいに飛び立つと、群れ自体が一つの生き物のようにならないか。空に舞い上がった一枚の風呂敷のように、全体が一つの塊になって飛んでいく。はしが細くのびて、ちぎれそうになっても、つぎには群れの中心にゴムのように引っぱり寄せられる。先頭が屋根に降りると、それにつれて全体がふわりとひろがって降りてくる。

原平説にある「ヌル状」の現象であって、それは鳥だけでなく、蜂にも蚊にも小魚にも見受けられる。むろん、人間にも同様だ。四角い部屋から長細い部屋への移動にあっては、だらしなくひろがっていた風呂敷が、いちどは絞ったように細くなり、つぎには四隅を引っぱったかたちになる。

それは重要といえば重要、重要ではないといえばなんてこともない集まりであって、出かけてくるメンバーに集団の一員とか使命感といったものは少しもないのだが、しかし、そのような群れにもあきらかに「ヌル状」のものが認められ、服を着た個体と個体とのあいだは空白ではなく、目に見えない粘液がひっついている。

人間の精神的な営みといわれるものも、その源までさかのぼると、この「ヌル」にいきつかないだろうか。おのれの意見を持てだの、はっきり自分を主張せよだのといいかわしながら、つい迎合したり、妥協したり、流れのままにゆだねたりしないだろうか。

「これは精神的な作用ではあるが、じつはナメコの粘菌みたいな、人間個体を取りまくヌル的メディアの作用によるものだと思うのである」

団体や民族や国家が、ひとたび危機にみまわれると、強力にヌル的特性を発揮するしだいはいうまでもない。

赤瀬川さんは、およそ過激な人ではなかった。むしろ過激とは正反対の人だった。しかし原平が源流にもどるにつれて、ちょうど水の流れが激しくなり、ときには水しぶきをあげて落下するように、おのずと過激にならざるをえないのだ。

「ヌル状のもの」を含めた「考えことはじめ」に述べてある。

「子供のころ一番不思議だったのは、自分の意識のことである」

自分のことが自分にだけわかるのが不思議なのだ。他人にはわからず、自分にしかわからない。とすると自分が死ぬとどうなるか。自分が死んでしまうと、自分が死んだとわかるその自分がいない。いないということがわかるその自分もいなくなる。「それをずーっと先まで考えていると、自分がいないということが恐ろしくて気が遠くなりそうだ」

恐怖で失神しないためにも、もうひとりの自分がいなくてはならない。その尾辻克彦によると、「ただ何気なくつくった〝尾辻克彦〟という人物に圧倒され、それを少しずつ受け入れる」ことにしたという。

戸籍名は赤瀬川克彦で、それが赤瀬川原平と尾辻克彦に分離した。戸籍がタスキ掛けにしてある。このタスキ掛けというのが重要なのだ。台風の前など壁の補強にタスキ状に板を打ちつけたり、つっかえ棒をかませたりするように、源流への意志が自己崩壊をきたさないためにはタスキ掛けが必要だ。たとえば尾辻克彦はこんなことをいうのである。

「ものごとを忘れるその忘れる瞬間のことって覚えていないでしょ」

幼い原平少年は、自分の家族がニセ物ではないかということに苦しんだ。なぜ自分が、この家族の中で生活しているのか、その理由がわからない。

「だから自分は確かに自分なのだけど、両親や兄弟というのはロボットではないかと考えていた」

こちらから見える側は精密にできていても、その向こう側はガランドウではあるまいか。それを見破るためにサッと向こう側へまわってみても、その表面がまたサッとできるから見破れないだけ。

それは幼いころだけのことで、やがて年をとってきて、ものごとの約束がわかったのかというと、そうではない。「それは本当は今もわからないのだけど、いまはただそれに慣れただけだ」

原平さんは、べつに時流をねらう人ではなかった。むしろその種のタイプと正反対の人だった。しかし、たえず「素《もと》」にもどって考える人は、おのずと時流を突き破っており、こころならずも時の人になる。大いなる過激派の宿命というものだ。

「いまソーメンを食べてきた。夜中の一時だ。この文章を書こうとして机に向かいながら、ちょっとお腹が空いたのだ。だから書く前に軽く食べてきた」（「ソーメン・パフォーマンス」）

私は「揖保乃糸《いぼのいと》」の隣町で生まれたのでソーメンにくわしい。ソーメン好きにかけては人後におちない。だから原平流ソーメン調味法を注意深く読んだのだが、あまりかわりはないようだ。共通点が多いという以上に、ソーメンという繊細な食べ物が、その繊細さのわりには、ごく簡単につくれるということもあずかっているらしい。

まず鍋に水を入れて火にかける。

冷蔵庫をのぞいてネギを取り出す。「カケラがあればできるだけそれを優先」とあるが、これも共通点の一つである。ネギは五センチもあれば足りるので、先っぽまである長いのを使うのは気がひけるのだ。

つゆの素を水で割る。つゆの素が切れていてもあきらめない。ダシ、醬油、砂糖などで煮立ててつくる。

鍋が沸騰してきたら、ソーメンの束をほぐしながら入れる。原平さんは胃弱のせいか二把どまりだが、私は因果と胃が丈夫なので三把から四把、その決定に頭を痛める点がちがうようだ。

大きめのボールに水を張る。

ソーメンを一本、口に含んでゆでぐあいをみる。まだ少し固いときには「ぼんやり机の角を見たりしながら、ちょっと人生のことを想ったりする」とあるが、なぜかこういったことも共通している。

熱いソーメンをボールの水に移し、ソーメンが逃げないように手で押さえながら水を切る。

あとは至高のいとなみだ。

「ツルズルツルツル……」

すする音が家中にひびきわたる。この点でもまったく同じだが、つぎの一行は原平さんにしか書けない。

「その音を聴く知的生命体は私一人」

食べ終わったあと、鍋やボールや箸を洗い、俎板に水を通して立てかける。つづくしめくくりは、まさに根源派の独壇場だ。

「つまりそうやっていまソーメンを食べてきたわけである。そしてこれからこの文章を書くのだが、もう書いてしまっている。何かしら妙な感じである」

さきほど述べたちょっとしたかかわりの会は、長細い部屋の長細いテーブルで進行するのだが、赤瀬川さんはいつも一番奥の隅にすわっていた。誰が決めたのでも、誰にすすめられたのでもなく、つまるところ長細い部屋を長細いテーブルにそって進むと、そこにいきつくからである。一番奥の人だからこそ、「オウムの頭と体」といった文章が書けた。オウムの事件をめぐり、ごまんと書かれたなかで、私はもっともすぐれた論考だと思っている。そのなかに、こんな言葉が見える。

「……このオウム事件をめぐってはわかることが多すぎる。わかったら文章なんて終りなんだ」

だから原平さんはゲラを読み返し、はじめからあらためて書き直した。

辻々をうろつく路上観察には赤瀬川よりも尾辻のほうが似合っているように思ったが、これはやはりタスキ掛けの原平のほうでなくてはならない。というのは路上のヘンテコなものを見つけるには、原形に対する感覚といったものが働いていて、ほんの一ミリでもそれが路上に露出しているところに目をとめる。

「路上の無為の物件を見ていきながら、それに対する自分の感覚反応をも同時に観察していくことになる。つまり自分の中に組み込まれている自然の力を観察するわけである」(『芸術原論』)

原平さんはつつましく「無為の物件」などというが、文豪ヨハーン・ヴォルフガング・ゲーテは「ウァフォルム」といった。ウァは「原」といった意味で、フォルムは「形」。ウァフォルムは「原形」。原平さんはまた「自分の中に組み込まれている自然の力」などとおだやかに述べたが、文豪はそれをものものしく「ヴァールフェアヴァントシャフト」と名づけた。「親和力」などと訳されるが、人それぞれに組み込まれている自然の力であって、それが人間やモノに感応して結び合わせる。

「もう一つ、路上観察では言葉の持つ力が大きい」

たとえ路上で「おっ」と思っても、その「おっ」の奥にあるものは何か、それを言葉で定着しないと、たちまち逃げてしまうからだ。

ゲーテは同じことをファウストの口をかりて嘆かせている。もし彼が現代にいたら、いそいそと路上観察に加わっただろう。そういえば原平さんは少しメフィストに似ていた。

宮脇俊三

みやわき・しゅんぞう
中央公論社常務・鉄道研究家・作家

昭和五十三年（一九七八）七月、『時刻表2万キロ』があらわれた。国鉄の旅客運送路線266線区2万992・9kmをすべて乗った記録である。すぐさまベストセラーになった。

世間は驚いた。時刻表をひらくのは、自分の用向きに応じてであって、必要な乗りものを見つけると、そそくさと走り書きなどしてパタリと閉じる。そんな実用書のはずなのに、まるで違った使い方をする人がいた。乗るのが目的であって、うまく乗り継いでも、その先に果たすべき用があるわけではない。路線を踏破ならぬ「乗破」すれば用向きは終わり。あとは、すたこら帰ってくる。

それはまあ、乗り物好きと言われるタイプにままあることで、世間が驚いたのは著者の人物を知ってである。中央公論社の幹部で五十二歳。日本の出版業のなかでとりわけ由緒ある老舗の一つ。そこの重責ある立場の人がフラフラ出歩いて、家出した中学生のように乗り物に乗ってよろこんでいる。

たしかに、大会社の幹部クラスで、趣味で知られた人がいなくもない。焼き物、希覯本、盆栽、書画……。おおかたがコレクションにとどまるのは、実入りがいいわりに自由時間が少なく、人を介してモノを集めるしかないからだ。そんななかで宮脇重役は、どうやってさいはての北海道の支線や、四国、九州のおそろしくへんぴな線区まで辿ることができたのだろう。

その間のことは「時刻表2万キロ　序説」のなかに綴ってある。もともと『時刻表』が大好きで、読んでいて飽きることがない。ただ「純度が低い」愛読者であって、「ときどき『時刻表』に乗る」ための旅行に出かけていた。気がつくと1万㎞を超えていた。旅客扱い線区のちょうど五十パーセントである。それがやがて七十パーセントを超えたが、べつに全線に乗ろうなどとは考えていなかった。

「できるなら九十パーセントぐらいは乗ってみたいと思っていたにすぎなかった」

序説にすでに宮脇俊三の人となりが、はっきりと見てとれる。全線完乗などは「目玉のちがった狂信者や完璧主義者」のやることで、とても自分の性質に合わないと思っていたのに、手間のかかるローカル線に乗りはじめると、それがけっこうおもしろく、しだいに熱が入り、いつしか〝目玉のちがった〟タイプの一人になっていた。

その一面で「いい齢をして相変わらずの鉄道ごっこ」は気恥かしい。こっそり出かけていると、留守がちになるところから不審がられ、まわりの人の知るところとなり「やり遂げなければ格好がつかない」仕儀になった――。

雑誌に掲載された旅行姿の写真の一つでは、登山帽のようなものを目深にかぶり、ジャンパーの襟を立て、首にタオルを巻きつけ、肩をすぼめて四人掛けの隅にすわっていた。もし、隣りに屈強な男がいれば、よそで逮捕されて刑事に護送されていく容疑者といったところである。旅をめぐる座談会だったか、その旨を洩らしたところ宮脇さんは浮かぬ顔をしてうなずいた。勤め先の中央公論社の経営悪化がささやかれ始めていたころで、そんなさなかに無用の用にうき身をやつすのは、多少とも犯罪めいた気がしていたらしい。

宮脇俊三は大正十五年（一九二六）の生まれである。年の瀬に昭和元年と元号が変わった。この人を考える上で、すこぶる意味深いことだろう。『時刻表2万キロ』がベストセラーになって以降、「汽車乗りの宮脇」などと言われた。暗に「飛行機乗り」を踏まえている。戦争末期、軍部は二十歳《はたち》前後の青年を「特攻隊」と称する飛行機乗りに仕立てて、死のフライトに送り出した。宮脇青年もまた、まかりまちがうと、一度かぎりの空中完乗に乗り出していたかもしれない。

老舗の出版社の編集者として出歩いていたころ、下山事件や三鷹事件があった。国鉄がナゾめいた犯罪の舞台になった。東海道本線に特急「はと」、特急「かもめ」が走り出したとき、それは敗戦国日本の再生のシンボルだった。昭和二十七年（一九五二）は「鉄道80周年」の記念年であって、鉄道好きで知られる作家内田百閒が東京駅名誉駅長をつとめ、それが新聞のニュースになった。

『時刻表2万キロ』にいたるまでに宮脇俊三には、ただの路線の加算ではなく、精神史にわたるキロ数がかかわっていたことがみてとれないか。列車の胴についている行先表示の標識は単なる鉄の板ではなかった。それは言わず語らずのうちに、ここではないどこか遠くへと誘いかけた。席を確保し、やがて汽笛一声ゴトリと動き出す。重たげな動きに加速が始まり、リズミカルな車輪の音だけになったとき、それはショパンのピアノ曲を聞いているのにひとしかった。深夜の駅で駅長がタブレットを持って立っているとき、さながらロダンの彫刻だった。

「七分間停車ァー」

そんなとき、夏ならきっと手拭いを握ってホームに下りた。水道で濡らした手拭いを首にそえると気が遠くなるほど心地いい。五十代の宮脇俊三がジャンパー姿にタオルを巻きつけていたのは、汗ふきが即座に冷房に早変わりする効用を、早くから、こころえていたからではないだろうか。

元祖2万キロは、のちにワンサとあらわれた鉄道好きと、すべての点で違っていたが、とりわけ鉄道そのものの意味がちがっていた。はたして宮脇俊三にとって、それは乗り物であったのかどうか。むしろより多く移動する書斎であった。

心ゆくまでひとりになれて、あれやこれやを考えることもできるし、夢見てもいられる。レールマニアに鉄道は平面の移動に過ぎないが、宮脇俊三には刻々と変化しながらもつねに一定の流れを持つ時間のつながりであり、全身で経験した戦後史はもとより、はるかな古代史をも秘めていた。

時刻表どおりに動くのに違いない乗り物でありながら、なんとこれは非論理な世界をあわせもつことだろう。ここにいれば大手を振って見ず知らずの人妻と、半日お尻をくっつけ合ってもいい。逃走中の殺人犯と、それと知らず世間話をしているかもしれない。到着時刻がほんの少し遅れたばかりに人生に狂いの生じたケースもある。宮脇俊三は『殺意の風景』を書いたが、鉄路の孕《はら》む非論理性をとことん知った人だから書けた風景だ。

宮脇さんとは座談会や鼎談で何度か会った。大ぶりな顔、その全身は英国紳士というものだが、くたびれかげんの背広に洗いざらしのセーターで散髪をズボラした髪が額にかぶさっていた。

司会役が水を向けるとやっと口を開く。そういうのが二人いるから席はあまり盛り上がらなかった。あるときウンチクを傾けている人に座をおまかせし、つれ立ってトイレに立った。ちょうど『殺意の風景』が出た矢先で、用を足しながらそのことを口にすると、同じく用を足しながら宮脇さんが連載中のころに触れた。「締切日となると死ぬ思いで、赤い小水が出るほど苦しかった。ああいう仕事は二度とやるもんじゃない……」

のんびりした話し方と、話の中身がアンバランスな上に、進行中の用向きともかさなって、それがそっくり宮脇俊三その人のような気がした。

宮脇さんのことを思うと、いつもあのときのスリッパをはいた立ち姿にいきついてしまうのだ。

山口昌男

やまぐち・まさお
文化人類学者

本を通してしたしんできた人とは、もうそれで十分であって、とりたてて会いたいとは思わないものである。だから山口昌男さんに会ったことはない。いや、一度だけある。たしかに会って、そのとき気になっていたことをたずねたし、問われるままにおしゃべりもした。ただ、その日があまりにヘンな一日だったので、いまもってよくわからない。もしかすると、夢でみたことを現実と思いこんでいるのではなかろうか。

美術史家の辻惟雄氏はひところ、京都の国際日本文化研究センターの教授だった。前職の東京大学文学部のころ、私には専門のちがう同僚だった。こちらはそのうち、教師を廃業。

ある日、辻さんから電話がかかってきた。ぶらぶらしているのは結構だが、無職・自由業では図書館が使えまい。さしあたり、こちらの研究員にならないか。べつに義務といったことはなく、自分の主宰している研究会のメンバーになって、たまに顔を出してもらえばいい。研究員の辞令が出て、附属図書館が自由に使える。一回ごとに「足代に毛が生えた」程度の経費が出る。

美術史家辻惟雄は『奇想の系譜』『奇想の図譜』によって、日本美術史を大きく変えた人である。それまでゲテもの、キワもの扱いされていた又兵衛、若冲、蕭白、国芳を江戸画壇の中に据えつけ、新しい日本美術の系譜を打ち立てた。その人の研究会だから、おもしろくないはずはない。「飾り」がテーマなのにかこつけ、若手の発表のあと、ベテラン有志で京の飾り職人の仕事場を訪ねたり、某コレクターの某コレクションを拝見させてもらったりした。さらに最後までのこった有志で、嵐山の温泉旅館のお風呂につかりに行ったこともある。

そんなある日、研究会に山口昌男さんがいた。品のいい白髪と、陽焼けした精悍な顔と、眼鏡の奥のやさしげな目と、ズングリムックリの体軀と、着古しぎみのポロシャツと――本や雑誌で知っているとおりだった。その日、京都での研究会か何かのもどりに辻ゼミナールが目にとまり、飛び入りのゲストになったらしい。

会ではいつも二人の発表があって、あいまに休憩がはさまる。お茶を飲みながら私は山口さんに、まずたずねた。麻布で教えておられたころ、同僚の教師に岩本素白がいたのではないか。おりしも私は『素白随筆』正・続から選んで『素白先生の散歩』と題するアンソロジーを考えていた。年譜をながめていて、麻布の教師時代の山口さんに気がついた。職員録には「素白」などではなく岩本堅一と、お堅い本名で出ていたと思われる。

山口さんはニコニコ顔で「若げのいたり」を口にした。謹厳実直を絵にかいたような老人を見て、随筆の名手とはつゆ思わなかった。それから話が転じて徳永康元の名前が出てきた。厳密にいうと転じたわけではなく、ごく自然に岩本素白から徳永康元につながった。一方は国文学、他方はハンガリー研究。ともにあふれるような学識の人であったが、著書にあたるものは極端に少ない。学界のボスなどにならず、古書と散歩が好きで、美しいエッセイ集を二つばかりのこし、ひっそりと世を去った。

山口さんは「徳永先生」と言った。古書の売り立てで、一足早く念願の本を買いつけ、先生の鼻をあかしたこともある。著書は少ないが、生涯にわたり日記を丹念につけていた。そこから選んで本に収める話があり、選択をまかされているのだが、さて、どこを選ぶべきか？

若いころハンガリーに留学していた。第二次大戦勃発をはさむ頃で、留学は二年半に及ぶ。ナチス・ドイツがポーランドに宣戦布告するのを、留学生徳永康元はブダペストのラジオで聞いていた。山口さんによると、そのあたりが抜群におもしろい。当時、ハンガリーはヨーロッパにあって、わずかに残されていた非交戦国であり、ユダヤ人たちが逃れてくる。亡命前夜のバルトークの演奏。

「ホルティとじかに会っておられるんですね」

ハンガリーをめぐって英米側とナチス・ドイツで綱引きがあり、ホルティ摂政は苦しい選択を迫られた。二十代の青年は、めまぐるしい状況をつぶさに見ていた。世事を黙殺したような学者人生にあって、その個人的記録がまたとない歴史の証人になる。いかにも山口さんが小躍りしそうなことだった。

ここまでのことははっきりしている。そのあとのことがちがいすぎて、そのせいで「ヘンな一日」の記憶としてのこったのだろう。研究会が終わったあと、有志でつどって大阪・飛田へ出かけた。元遊郭という店で料理を食べるためである。どうして大阪の飛田が出てきたのか。誰が言い出したのか。誰かが言い出したにちがいない。そんな「悪所」を知っていたのは誰だろう？

行政的には大阪市西成区山王だが、だれもそんなふうには呼ばない。飛田新地、飛田のくるわである。表向きは飲食街であって、入口に「飛田新地料理組合会員之証」が掲げてあり、「お運びさん入用」「運び雑役婦人募集、委細は面談の上」の貼り紙が見える。だが、おめあてが料理だとは誰も思わず、店のつくりもそんなふうにはなっていない。日が暮れると戸口に紅の灯がともり、お化粧をした白い顔が婉然と笑っている。白エプロンのおばさんがせわしなく客引きをしている——。

くり返すが、われら有志は、あくまで元遊郭の料理屋へ料理を食べに来たまでで、それが証拠に夕食のあと、店内を入念に見てまわった。廊下を行くと部屋ごとに唐様の小屋根がついていて、そこに鶴、宝船、打ち出の小槌といった縁起モノの彫り物がほどこされていた。階段は木組みの橋になっていて、蓬萊の山と川を渡るつくり。薄暗い中に異様な装置が入念にほどこされている。人間の欲望が凝縮されたようで、奇妙な迫力がある。

「まさにバロックだネ」

満艦飾のゴテゴテ趣味を見廻しながら、誰かが感に堪えたような声を上げた。

外に出ると、昼のように明るいのだ。軒ごとに白い顔・婉然・おばさん・客引きがあらわれる。タテ一列になってゆっくりとまわっているうちに道がわからなくなった。天王寺駅のアーケードに向かうはずだったのに、さていま自分はどこにいるのだろう？　なにしろタテ一列であっても、首はいつも横を向いて婉然とした顔と白い灯を見つめている。店がつきると暗闇に入り、とたんに足がとまる。私はずんぐりむっくりのポロシャツを目じるしにしていたはずだが、それもはじめだけで、横を向いた首の命じるままにすすんでいた。

「エート、どこで別れたのだっけ……」

電車の中でウィーンの諷刺家カール・クラウスのことを問われ、クラウスの道化論をぜひ訳してほしいとたのまれた、そのことは覚えていた。

メンバーが崩れ、いつのまにか半数に足りない。バラバラになったらしい。行方不明になっても、ここは大阪の盛り場だし、大人なんだから自分で帰れるだろう。むろん、大の大人であって、めいめいが興味の赴くままに風俗調査にいそしんだと考えられる。

私の記憶では、翌朝、飛田を歩いている。前夜は気づかなかったが、悠大な屋根をもつ大店があって、壁は古雅な石づくりでステンドグラスが美しい。軒まわりにアール・ヌーヴォー様式の丸窓があって、パウル・クレーの絵のような抽象的な意匠があしらってある。その装飾のことをエッセイに書いたところ、ある人から写真があるなら貸してもらえないかといわれた。その人はカメラをかまえたとたん、腹巻のおニイさんにどなられて、ちぢみ上がったそうだ。

私の場合は写真をとっていると、背後で自転車の止まる音がした。ハッとして振り向くと、ハンチングにネンネコ、下はトレパンにツッカケという老人が、自転車にまたがったままこちらを注視している。そしてやおら、「古《ふる》おまっせ」と言った。意味がわからず、ボンヤリしていると、古い店だと言い直した。

「死んだおばんが子供のときからあったというてたさかい、よっぽど古いもんやろナ」

それから「いい写真とったりな」と言うなり、ベルを一つチリンと鳴らして走っていった。

それからしばらくしてのことだが、徳永康元『ブダペスト日記』が送られてきた。これまで未収録のエッセイや対談、それに「抄録・ハンガリー留学日記」が収められていた。山口さんは対談の聞き役になるとともに「回想の中の徳永康元先生」を書いていた。

いま、久しぶりに『ブダペスト日記』を開いてみて、碩学徳永康元八十八歳のときの座談会に、こんな言葉を見つけた。「僕なんか……いまでも好奇心だけはあります。何だかそういう好奇心だけで生きてきたような気がします」

即座に山口昌男さんの温顔が思いうかび、まるで連想ゲームのようにして、あのヘンな一日をまざまざと思い出した。

澁澤龍彥

しぶさわ・たつひこ
フランス文学者・作家・エッセイスト

海に走った一本の巨大な帯だという。幅は十五、六メートル。目で追っていくと、空と水のあわいの水平線までえんえんとのびている。たえず波に洗われ、ふちには貝殻や海藻がびっしりと付着していた。遠くから眺めたときは赤茶けた色だったが、そば近くで見ると、錆びた鉄橋か何かの地肌をしている。まぎれもない金属の色だった——

初期の小説「マドンナの真珠」の終り近くに出てくる「赤道」である。見ただけではない。ちゃんとその上に降り立った。やはり固い鉄の感じで、あくまでも澄みきった南海の水が、ひやひやと素足を舐めにきた。

誰にも覚えがあるのではあるまいか。幼いころ世界地図で赤道を発見して、目を見はった。地球の腹部をグルリと取り巻いて赤い帯が走っている！　いったい何で出来ているのだろう？　ひとりであれこれ空想した。ひそひそと仲間同士で語り合った。南半球へ航海する船は、いかにして赤道をこえるのか。下駄屋のカッちゃんの説によると、それは問題ない。海の色がそこだけ赤いのだ。これは赤い水の帯だという。

やがて地図上の符牒だとおそわってワケもなく納得した。そして私たちは赤道をめぐるフシギを、きれいに忘れた。

アリストテレスが「哲学の始まり」と呼んだあのもの、驚異の感覚。澁澤龍彥の仕事には、いたるところにそれがあふれていた。自動人形、怪物、畸型、牧人奇人、幻想都市、偏愛の作家たち。サド侯爵そのものが一個の巨大な驚異だった。そもそも創作を試みるにあたり、海野十三流の少年冒険譚ならいざしらず、「マドンナの真珠」といったレッキとした大人の小説に、堂々と「赤道」を出現させる作家がこれまで一人でもいただろうか。

大人の世間知がなによりもたっとばれるわが国にあって、澁澤龍彥は少年のヴィジョンを失うことなく成熟に達した数少ない一人だった。それは感覚であり同時に思想であって、しばしば体験ですらあった。つまり生のヴィジョンである。だからこそ彼は誰はばかることなく楽しげに語ることができた。たとえば十六世紀フランスの外科医の伝える「亀に似た円形の怪物」の話。それは完全にシンメトリックで、背中に十字形の印があり、それぞれの四つの先端に目と耳がついている。

「脚は十二本、円形の周囲に放射状に生えている。つまり、この獣は四方を見たり聞いたりすることができ、身体の向きを変えないで、そのまま四方に進むことができるのだ」

杉浦茂の漫画で猿飛佐助や霧隠才蔵がチチンプイプイと十字を切ると、たちまちその手の怪物に早変りした。一世代前の澁澤龍彥の場合、とりわけ愛したタンク・タンクローであったようだ。自伝的なエッセイ集『狐のだんぶくろ』によると、まっ黒な球に穴がいくつもあいていて、そこから手足がのびたり、ちぢんだりする。危険が迫ると亀のように手足を中にひっこめて、ごろごろと地上をころがっていく。そうかと思うと、いきなり穴からプロペラを出して、飛行機のように空中を飛びまわる。

澁澤龍彥にとって、時間は過去の驚異だった。これを自由に往き来してみずからの博物誌を書きつづった。また空間は未来の驚異だった。これらをへめぐって『うつろ舟』や『高丘親王航海記』などの小説を書いた。さらに年とともにこの人は独特の方法を自家薬籠中のものとしていった。つまり、地にあって天の驚異を語るだけでなく、天から地を眺めるという流儀である。このおとぎの国の蒐集家はまた言葉のもっとも厳密な意味で、ノンセンスの哲学者と呼ぶこともできるだろう。

およそ現世的なジャーナリズムにあって、彼は何くわぬ顔をして不思議の物語を書きつづけた。まるで相いれない二つを結びつけることこそ、このノンセンスの哲学者のもっとも得意とするところだった。

「ところで、私はと言えば、私は現に活動している時計よりも、古くなって動かなくなった時計、針の欠けた時計、ローマ数字の文字盤の黄色くなった時計、つまり死んだ時計を何よりも好む、奇妙な性癖の持主なのである。この私の性癖は、いかなる心理学によって解明されるであろうか」

『胡桃の中の世界』の一篇、「ユートピアとしての時計」のおしまいのところ。

まずはメリメの『中世美術研究』に収められたヴィラール・ド・オンヌクールに関する紹介文から始まっている。十三世紀の工匠が考えた永久運動の装置について、ヴィラール式自動人形のこと。

「また十三世紀と言えば、機械時計がようやく実現の緒につきはじめた時代だったということも、同時に知っておく必要があろう」

そんな言葉がはさまって微妙にテーマが移行する。ヨーロッパの中世にあらわれた発明者のうち、グーテンベルグの名前が不当に喧伝されていないだろうか。もうひとり注目すべき発明家がいるではないか。ある日、中世の民衆のあいだにひっそりと現われた奇妙な機械、歯車装置の時計の発明者、「ともかく時計は、べつに何も生産するわけではなく、何も破壊するわけではなく、ただひっそりと控え目に存在しているだけで、ひとびとの意識を根本的に変えたのである」。

最初の時計の発明者とされている修道士のことから、中世社会のユートピアとも言うべき修道院を手がかりに、ユートピアと時間とのかかわりが、いかにもたのしげに語られている。最後にふたたび時計にもどり、時計好きの人間と時計嫌いの人間について、ラブレーとベーコン、ポーとベンヤミンの話のあと、先に掲げたくだり、「ところで、私はと言えば――」の締めくくりがくる。

歯車時計という機械装置が、いつ、どこで、最初に製作されたのか、諸説紛々としていて定説がない。ヨーロッパにおける技術史の書物のはしりであるヨハーン・ベックマンの『西洋事物起原』には、「大時計と携帯時計」の章では足りず、もう一章「つづき」がついている。このドイツ人は、いかにもドイツ人らしく断乎として古文書を総動員し、やっきになって歯車と振子で動く時計を初めて組み立てた人物を探し求めた。「つづき」をもうけたことからもわかるとおり、つまりはどこの誰とも定めかね、古文書をもう一山つみあげたにとどまったのだが、律義なドイツの先生が目を皿のようにして、より古い文献を探しあてるたびに、修道士の規律に関する注釈の類に往きついていることからもあきらかだ。最初の時計の発明は、澁澤さんが書いているとおり、王家の工房ではなく修道院で生まれたにちがいない。

そこでは共同生活のための規律が何よりも尊ばれる。一糸乱れぬ秩序のなかで持続する時間の折り目ごとに、次の行動のための合図の鐘が鳴りわたるところ。その門をくぐって時計が巷に出てきたときに、近代が始まったと言っていい。以後すべては、歯車仕掛けの技術の片われの監視の下に進行する。かつてはトウモロコシが実ったり、羊が成長するときに時が流れた。いまや時間は二点間で固定された画一的な単位でしかない。空腹だから食べるのではなく「食事の時間」だから食べるわけだ。ねむいから寝るのではなく、「お休みの時間」だから寝床に追いやられる。流れ作業式に生み出される時間を区切って労働が計られ、賃銀がはじき出される。

新しい感覚の始まり。そう言い換えよう。私たちは遅れるといらだつ。たかだか刻々と前へ進むだけ、クルリと一巡すると、たわいなく元にもどる針だというのに、何にもまして時計の針を優先させる。分秒きざみで時刻どおりにコトがはこばないと我慢がならない。つまりが新しい習性の始まり。

澁澤龍彦は見事にこの種の習性を免れていた。新しい中産階級のお守りである時間という美徳、商人的なその切り売りを、生涯、黙殺してすごした人だ。

「明日、また明日、また明日と、時は／小きざみな足どりで一日一日を歩み」とは『マクベス』の終幕ちかくのセリフだが、澁澤さんはそんな小ぜわしい足どりと、きれいさっぱり無縁だった。この人の文章のたのしさ、幸せ、人気の秘密は、実はこの点にあるのではなかろうか。文体なら真似できる。知識ならかき集められる。だが同じものは誰にも書けない。

時間構造というものが違うのだ。当然、知覚のモデルがひそかに違う。この人の場合、いろいろな時間が健やかに共存していた。いわば複数体としての時間があった。それは気ままな旅行者と似ていただろう。彼はローマで夕食を食べ、パリで消化する。あるときは紀元一世紀の博物学者のテーブルにつき、次の瞬間には世紀末デカダンたちのカフェにいる。その博識は、書物という過去の記憶の延長と関係をもつことによって増殖したものであって、ことさら記憶力の調節などいらなかった。時間の種類があるのに応じて記憶の種類もあったのであり、どことなく科学者が唱える時間感覚とうり二つだった。それぞれの物体がそれ自身の時間と空間を生み出すというのである。伝説的なまでの記憶のよさも、こういったことと無関係ではなかったはずだ。べつだん学校の優等生のように憶えておこうと努力して記憶にとどめたわけではあるまい。憶えているのが、ごく自然な現象であったからだ。要するに過去との体験を、機械仕掛けの時間という異質のものに従属させたりしなかった。遠さ、近さは体験の独自さで測るものであって、ねじ巻き装置の介入によるなどとは思わなかった。折りおりは優雅な香時計《こう》にみるように、そっと嗅ぎ、目を細め、時間的遠近度をはかったりしていたかもしれないのだ。

＊

蟬が鳴いていた。鎌倉・東慶寺の境内、瓜ヶ谷から台峰につづく裏山一帯に蟬が鳴いていた。やたらに蒸し暑い。

「昨日も暑かったけど、今日も蒸すね」

種村さんがヒョイとやってきて呟くように言った。蟬しぐれが降ってくる。八月の蟬にしては、なんだか力強さがないような気がする。川本三郎さんがしきりに汗を拭いている。

「どっかへ行きたいね」

さっきもそんなことを言いあったばかりだった。いつもそんなことを言いあってきて、忙しさにまぎれている。川本さんの顔は運動不足の人のように白っぽくふくれている。

やにわに空が変わって、白い砂をふりまくようにして小さな雨つぶが落ちてきた。なぜか葬式のときにきまってこんな雨が降る。

「涙雨」

すっかり忘れていた。小学校から高校にかけて祖父母や父や兄がバタバタと死んでいったとき、何度となく聞かされたことばである。

マイクで出棺の案内があって、その声が終ったとたんにまたもや蟬しぐれが降ってきた。たしか澁澤さんがギリシアのクレタ島に行ったときも、こんな風に松林から蟬の声が聞こえていた。じりじりと照りつける陽ざしの中を、麦藁帽子にサングラスの男が歩いている。酔興な旅行者はクノッソスの遺跡、音に聞くミノス王の迷宮見物にやってきて、炎天下をてくてくと歩いているのだ。

「松林ではセミが鳴いている。日本のセミみたいに景気のいい声ではないけれども」

丘の上には松が生え、どの松にも、おびただしい数の松ぼっくりがついていたという。

本堂の読経がやんで、何やら人が立ち動いている。

ハンカチで汗を拭きながら考えた。

まむかいの円覚寺の裏山につづく澁澤さんの家の庭でも、きっと今ごろ蟬が鳴いていることだろう。

「……我が家の庭では、樹が多いせいか、例年なみに蟬の声がかまびすしく、八月にはいると、もうみんみん蟬やつくつく法師が鳴きはじめた」

庭にはあちこちに蟬の抜け殻がある。なかには完全に脱皮できず、幼虫のすがたのままで、樹にしがみついて死んでいる蟬もいる。

「私は、その幼虫のすがたのままで、永遠に羽化するチャンスを失った、あわれな蟬の二三匹をひろって、客間のサイドテーブルの上に飾った。永遠の幼虫という観念に共感をおぼえたからである」

どの本のどこにあった一節か思い出せないが、たしかそんなくだりがあった。

ほんの少し前である。ある雑誌の「澁澤龍彥特集」に、「人・澁澤龍彥」と称してコラージュをつくった。私事をタネにするのを好まない人の私事を書くのは、はばかるとしても、当人に当人を語らせるなら文句はなかろう――そんな理由をあげて買って出た。大半はすでに読んだことがあるものながら、ずいぶん楽しかった。いろいろな発見をした。

「……横町にはいれば、燃えるようなヒマワリや、タチアオイや、ノウゼンカツラが垣根に咲いていた。そうしてツクツクボウシが鳴き、百日紅の花が咲くと……」

これはどの本だか名指しができる。『狐のだんぶくろ』。壮烈に暑かった昔の夏を書いたところだ。

二十代の末、私は関西の港町の大学で語学教師をしていた。ある日、安アパートの二階に東京の出版社から手紙がきた。書き下しでウィーンについて本をつくらないか。都市をテーマにした連作エッセーで、澁澤龍彥さんがパリについて書く。種村季弘さんがプラハについて書く。ただし、お二人は実現するかどうかわからない。とにかく、あなたはやってみませんか。

編集者の名前は、私にはつとにおなじみだった。『夢の宇宙誌』のあとがきに記されていたからである。およそ無名で、まともな仕事一つなく、一度も会ったことのない二十代の男に、書き下しを言ってくるなんて、一体どうしたことだろう？

東慶寺の石段を上りつめて山門をくぐったとき、黒い礼服の列の中に、その編集者のうしろ姿を見た。つい先だっても、ある画家についての仕事のために一緒に大磯まで行ったばかりである。会うたびに髪が白くなっている。降るような蟬しぐれの下を、日陰をよりながら連れだって歩いた。

はじめて澁澤さんから便りをもらったのは、いつだったろう。何の件で、どんなことが書かれていたか、もう思い出せない。筆跡が特徴的だった。文字のトメのところでヒョイと跳ねる。私は早速、字体をまねた。私のペンが今だに名前を書き終わる寸前に跳ねたがるのは、あのころの練習のせいである。

遺影が現われた。位牌に戒名。院号は読みとれない。あのちょっと気どった字体の人が、何トカ院何トカ居士になるなんて、愉快なイタズラというものだろう。剃りたての頭を張りきった男根のように光らせた僧が三人、本殿から下りてきた。種村さんがマイクをもってボソボソと挨拶をした。この人も近年めだって頭が白くなった。列がゆっくり動き出す。私は川本さんに目で合図をして長い列にまじりこんだ。

それにしても、もはや存在すらないとは理不尽である。とかく死というやつは理不尽きわまる。といって怒ってみても始まらない。ムルソーのいう「優しい無関心」を装って、陽気に振舞うしかないのだろう。

霊柩車を見送ったあと、駅に向う人の流れと逆に歩いてくる連中がいる。それは予想どおりの顔ぶれだった。その尻っぽにくっついて店に入り、まっ昼間からぐずぐずと、とてもおいしい酒を飲んだ。

児玉　清

こだま・きよし
俳優・エッセイスト

児玉清の俳優修業は映画がはじまりだった。昭和三十三年（一九五八）、ニューフェイス試験に合格。そのころもう多少とも輝かしさはうすれていたとはいえ、「スターの登龍門」といわれた試験である。ごく恵まれたスタートを切った。

だが、さっぱり芽が出なかった。大部屋所属のチョイ役ばかり。業界では「雑魚《ざこ》」とよばれたらしいが、三年、五年たってもその他大勢のひとり。九年間我慢して映画をはなれた。

いいスタートを切った。そのはずである。ちょっとしたチャンスをつかむこと。心がまえもできていた。それなりの準備をし、役がまわってくると全力をつくした。しかし、成功しなかった。「勝ち組」にはなれず、とどのつまり、スクリーンから身を引いてテレビに移った。

何がいけなかったのだろう？　たしかに映画界に入るきっかけは、ふつうの俳優志願者とはひと色もふた色もちがっていた。よく「ヒョンなことがかさなって」などというが、それと似ていた。だが、「演じる」ことに興味がなかったわけではない。むしろ反対であって、学生のころ、ろくすっぽできもしないフランス語劇に出て、まがりなりにもやってのけた。ニューフェイスの試験にしても、もっぱら演じる能力で同輩たちから抜け出した。背が高くてハンサムである。スターになる要素は十分にそなえていた。何が欠けていたというのだろう？

自伝的なエッセイ集『負けるのは美しく』は俳優歴五十年の半生を語ったものだ。映画界にいたのは十年にみたないが、全五章の半分ちかくが映画時代にあてられている。それだけ語っておきたいことがあったからだろう。事実そこから貴重な証言の記録が生まれた。

スターになり損ねたのは、何かが欠けていたせいではない。何かを余分に持っていたからである。それが災いして俳優のタマゴをタマゴのままにとどめ、孵化させなかった。

いくつも印象深いエピソードと出くわすだろう。

「トップ空けとくぜ！」絶望的とも思える悲鳴に似たセリフがスタジオ内に響いた」

ほんのワンショットである。中年俳優が主演役にひと声かけるシーン。そのひとことに、監督がいつまでたってもＯＫを出さない。

「テストが二十回を過ぎたあたりから、辺りがシーンとしてきた」

夕方から夜になり、夜中になり、夜明けちかくまで、ひたすら同じセリフを叫ばせた。

読者カード

みすず書房の本をご愛読いただき，まことにありがとうございます．

お求めいただいた書籍タイトル

ご購入書店は

・新刊をご案内する「パブリッシャーズ・レビュー　みすず書房の本棚」（年
3月・6月・9月・12月刊，無料）をご希望の方にお送りいたします．

（希望する／希望しな

★ご希望の方は下の「ご住所」欄も必ず記入してくだ

・「みすず書房図書目録」最新版をご希望の方にお送りいたします．

（希望する／希望しな

★ご希望の方は下の「ご住所」欄も必ず記入してくだ

・新刊・イベントなどをご案内する「みすず書房ニュースレター」（Eメール配
月2回）をご希望の方にお送りいたします．

（配信を希望する／希望しな

★ご希望の方は下の「Eメール」欄も必ず記入してくだ

・よろしければご関心のジャンルをお知らせください．
（哲学・思想／宗教／心理／社会科学／社会ノンフィクション／
教育／歴史／文学／芸術／自然科学／医学）

（ふりがな） お名前　　　　　　　　　　様	〒
ご住所　　都・道・府・県　　　市・区	
電話　（　　　）	
Eメール	

ご記入いただいた個人情報は正当な目的のためにのみ使用いたし

ありがとうございました．みすず書房ウェブサイト http://www.msz.co.jp で
刊行書の詳細な書誌とともに，新刊，近刊，復刊，イベントなどさまざま
ご案内を掲載しています．ご注文・問い合わせにもぜひご利用ください．

郵便はがき

113-8790

料金受取人払郵便

本郷局承認

9196

差出有効期間
平成29年12月
1日まで

東京都文京区
本郷5丁目32番21号

505

みすず書房営業部
行

通信欄

(ご意見・ご感想などお寄せください．小社ウェブサイトでご紹介させていただく場合がございます．あらかじめご了承ください．)

べつのケースだが、新劇界の大御所千田是也《せんだこれや》の出る映画で、監督は新進気鋭。長いカットには、テストをかさね、用意万端ととのい、さあ本番。すべてが順調に終わった。誰もがＯＫだと思ったのに、監督からやり直しの声がかかった。

「この瞬間の千田是也さんの顔が忘れられない」

そのあとやり直しが二十四回に及び、用意したフィルムがなくなって撮影中止。

俳優のタマゴは、それをつぶさに見ていた。まわりのざわめき、そのあとの押し黙ったような静まりを全身で感じていた。耳は聞き、目は見て、頭は理解する。しかし、雑魚ふぜいは黙っていなくてはならない。沈黙を守りつづける。石になる。問われても答えないし、訊問されても話さない。いっさいを理解しても自分からは語らない。

多感な青年は、無意味にワンカットのひとことを叫びつづける中年俳優の屈辱を肌身に感じた。屈服を強いられる大御所の、毛ほども表情に出さない顔を、横手からじっと見つめ、自分も屈服を強いられる気がしただろう。

俳優児玉清を銀幕のスターにしなかった「何か」である。ふつうなら苦笑や含み笑いで対処することに対して、それをきちんと受けとめた。だからといって何をするわけでもない。チョイ役には何もできない。鎖につなごうとすると、いままでおとなしかった犬が急に抵抗したりするものだが、児玉清は屈服を感じても暴れたりしなかった。かわりにひそかなモットーをつくった。

負けるのはかまわない。しかし「負けるのは美しく」。誇り高く、だからこそしたたしみのこもった笑みとともに負け犬になった。

児玉清が映画界にいたのは映画産業の全盛時代だった。「邦画五社」などといわれ、どこもいたって景気がいい。時代の花形業者ともなると、なぜかプロ野球のオーナーになりたがるらしく、松竹ロビンス、大映スターズ、東映フライヤーズなど、スクリーンの外でもスターづくりにやっきになっていた。私自身、そんな時代に立ち会った。やがて映画が斜陽産業になり、急坂をころげるように凋落していくのを遠くからながめていた。

以後もずっと疑問に思っていた。あれほど栄華を誇った映画産業がまたたくまに気息えんえんとした業界になり、撮影所を切り売りする事態になったのはどうしてか？　わずかに残ったところでも、もっぱらテレビ映画の製作で息をついている。一つのメディアの激変ぶりが不審でならなかった。

児玉清の証言が、それとなく伝えている。邦画世界の自業自得というものだ。二十世紀とともに新しく登場したメディアでありながら、おそろしく前近代的なシステムを打ち立てていた。「大部屋」や「雑魚」といった言い方は歌舞伎の方からの借り物だろう。わが国の映画産業は芝居の長い歴史のなかで成立していったものをそっくりいただき、監督中心に権威づけて制度化した。巨匠、名匠、社会派、文芸路線、芸術映画……しかつめらしい名のもとに奇妙な映画づくりがまかり通った。

スクリーン時代をめぐる終わりちかくに、児玉清はさりげなく述べている。安い製作費による量産体制でつくられた軽い映画は、しばしば今なお輝きを失わない。「一方、リアリティを厳しく追求した現実の写しである文芸芸術映画はそうはいかない」

時代や世相を写しとったと豪語していたのに、時の変化にさらされて急速に古びていった。児玉清はものものしいお絵かきとぬり絵の現場を見きわめて、スクリーンを立ち去った。

おだやかに、やさしく、記憶をたしかめながら半生を語っている。それは生身の児玉さん、そのままだ。忘れられないこと、したしんだ人々、印象に刻みつけた数々の情景。一つをすませるたびに発表の年月を入れた。人生のカレンダーをめくっている気持からだろう。たのしい自作の絵がついている。読者の退屈にまで気をくばる。つつみこむようにやさしい語り口だ。しかし、これは著者と同じく強くて、厳しい本なのだ。きちんと見て、あまさず聞き、よく考えた。地の底に落ちこむようなときにも、自分の置かれている状況を正確に感じとっていた。自分を甘やかさず、へこたれそうなときにも、ほのかな笑いを忘れない。人間のドラマは台本どおりにいかないぶん、きっと笑いの要素をそなえている。

半分すぎてようやく、みずからに関することがポツリポツリとまじってくる。つねにつつしみを忘れない。個性ゆたかな俳優だった山茶花究《さざんかきゅう》を語ったくだり。簡単なセリフすら覚えられず、当の自分に「身もだえしながら」テレビの収録をつづけている。そんな老優の身もだえを全身で感じとっても、児玉清には声がかけられない。聞いておきたいことが多くあったのに、つつしみがそれをさせない。ぶしつけに聞き出すよりも、深い思いを大切にして口をつぐんでいた。

この俳優がスターにならなかった理由がよくわかる。たえず自分を見つめている醒めた目があった。自己陶酔を許さない。そこから生じてくる他人への法外なやさしさとつつしみ。名前はダテではないのである。清浄なペンをもつ人であって、その文章はよく訓練された健全な審美眼につらぬかれている。

だからこそ終章「天国へ逝った娘」がなおのこと痛切だ。愛するわが子に、ある日突然、死が告げられた。現代医学はなすすべを知らず、しかも医学的権威のもとに無力な患者をなぶり者にする。かつて映画界でみた情景がもどってくる。忽然とこの世からいなくなった娘への「たったひとつの贈り物」、慟哭の文がつづられた。

「目を閉じてごらん。あのほほえみがいまも見える」

そんな意味の英語の引用がエピグラフのようについている。鋭敏な俳優はひとりごとにも演じる自分を感じてしまう。だからこそ異国語でつぶやくことにした。それにしても、おつき合いいただいたのは、ほんの数年なのに、したしくこの人の一代記に立ち会った気がするのは、どうしてだろう？

花田清輝

はなだ・きよてる
文芸評論家・作家

……要するに、私は、イスパニアの理想主義が、ドン・キホーテによって代表される時代は、すでに終ったと思うのです。率直に申しますが、私は、かれにかわるべき人物として、私の夫を推薦したいと考えます。転形期とは、脇役が主役となり、家来が主人になるような時代ではないでしょうか。――花田清輝「テレザ・パンザの手紙」

お手紙ありがとうございました。すぐにもご返事をと思いながら、家事にかまけて、ぐずぐずしているうちに日がたってしまいました。今日もまた澄んだ青空にピラミッドのような雲が浮かんでいます。埃りっぽい茶色のステップに、短い、かたい草がまばらにはえていて、風が吹くたびに小さくゆれています。そんな荒涼とした砂地のところどころに二つの足跡がつづいています。

氷のような夜風が起きても、それはまだ当分は消えのこっていることでしょう。

――ええ、夫がもどってきたのです。もちろん、ドン・キホーテさまもご一緒です。一番はじめに見つけたのは羊飼いの少年でした。ずっと遠くで何かがピカリと光ったそうです。あとで判ったのですが、いつも旦那さまが肌身はなさず持っておられた槍の穂先でした。それから丘の上に、痩せ馬にまたがったご主人さまと、ロバにのった夫の姿が現われました。

「おーい、みんなおいで、ドン・キホーテとサンチョ・パンザだぞ！」

羊飼いの少年は羊の群れをうっちゃらかして、大声で叫びながら村の広場に駆けこんできました。

「ドン・キホーテの馬は前よりもっと痩せちまったぞ！」

それからひと騒ぎがありました。なにしろこのラ・マンチャの村ときたら、ふだんはまるっきり何ごとも起こらないのですものね。あなたは村をお出になる前に、貧しく、そして体温ほどにあたたかいイスパニア式の地方主義を、何度となく嘆いておられました。廿日ネズミが暗い穴から尖った鼻づらをつき出して、きょときょと外界をうかがっているみたいな生活だって――。

そこへ長い旅を終えて旦那さまが帰ってこられた。土産ばなしを聞きたがるのは当然じゃありませんか。教会の鐘が打ち鳴らされました。娘や子供たちが走ってくる。ちょうどお昼どきで、どの家も煮込料理《フロチエロ》をつくっていたころですが、女たちも台所から顔を出す。老人たちは、いそいそと折りたたみの椅子をぶらさげてやってきました。

でも話を聞くのはおろか、ドン・キホーテさまの顔を見ることさえできませんでした。部屋の入口に司祭さまと学士さんががんばっていて、一歩も中に入れてくれないのです。容態が悪いのだそうです。旅の疲れというだけでなく、いのちの炎が消えかけていると司祭さまが申されています。夫はずっとベッドのそばにつきそっていましたが、さきほど泣きながらもどってきました。旦那さまがいつになく弱気になって、夫に謝られたというのです。この世に遍歴の騎士がかつていたし、またいまもいるという「誤った考え」を押しつけて、自分だけでなくサンチョにまで狂人のような行為をさせてしまったと、悲しそうにおっしゃった。夫は涙ながらに、この世で人間のしでかす一番の気狂いざたは、死に急ぐことだと言い返したそうです。

ついいま就寝《ケーダ》の鐘が鳴りました。でも夫もわたしも眠れそうにありません。ドン・キホーテさまが死の床におられるというのに、どうしてのうのうと寝ていられたりするでしょう。熱いチョコレートを煮立てて、夫といっしょにすすりました。いろりの火がチロチロと燃えています。

「あれがいけねェ。あのとき悪魔がとっついた」

夫が火を見つめたまま身ぶるいしました。顔がまっさおで、自分でも怖ろしそうに辺りを見まわすのです。わたしが気味悪がって問いつめるようにしてたずねたところ、ようやく話してくれたのですが、三日前のことだそうです。その前の日から主従は道に迷っていて、そこで朝早く発って沙漠で隊商を待つことにしたのですね。

空気は冷たく、澄んでいました。砂は乾いています。以前にもそのことを申しました。イスパニアの沙漠の砂のこと。森閑とした真昼どき、どこまでもつづく砂の起伏のほかは人影ひとつ見えないのに、突然どこからか、かすかな楽の音《ね》のようなものがひびいてくることがある。耳をすますと、歌声や、どっと笑う声さえする。まるで沙漠の精霊たちが、すぐ近くで酒盛でもひらいているとしか思えないのですが、実をいうと、それは「無数の砂粒のすれあってたてる音」であって、乾燥した砂は、わずかな風にもするどく反応して、いっときもじっとしていないのです。ええ、そうですとも、沙漠は、静止しているような印象をあたえるときでも、たえず戦慄しているのです。

お昼ちかくに数本の木の繁みを見つけ、旦那さま好物のバターを溶かしたお茶をつくって差し上げたそうです。ロシナンテとロバは仲よく並んで、蒼ざめた陽ざしをあびながら草を食っていました。それからまた出発して日没まで乗りつづけましたが、隊商の足跡も、露営のあとも見つかりません。地平線のどこまでも煙ひとつ立たず、うつろな表情をした空が、ひっそりとしずまり返ったまま、暮れなずむ大地の上にかかっていました。まもなく月が昇りました。満月にちかい、まん丸い月が、沙漠のはてる東の方に昇ったのです。

ロシナンテは、いつもはすぐにへたりこむのに、この日はなにか興奮しているふうで、先へ先へとすすみたがる。それに沙漠のまっ只なかであってみれば、夜通しの旅をつづけるしかなかったのです。夫はたえず辺りに目をくばって、隊商の足跡をさがしました。月は空たかくただよい、氷のような夜風が起こるたびに、足元の砂紋があわただしく形を変えていきます。このときロシナンテがひと声たかくいないないて、急に立ちどまりました。夫がのったロバも申し合わせたようにぴたりと足をとめたのです。ドン・キホーテさまは手綱を引きしめて耳を傾け、しばらく考えこんでおられた。それから懐中時計をとり出して、月明かりに照らしてみた。ちょうど十時だったといいます。してみると、すでに早朝から十六時間も鞍にまたがっていたことになる！　馬とロバがへたばりはせぬかと夫はびくびくしていたそうです。

はじめは突風に舞い上がった砂塵かと思ったそうです。でも、そのとき風はすっかりやんでいて、青白い月光が降るように落ちているばかり。白々とした沙漠の前方半マイルばかりのところに黒い塔のようなものが見えたのです。近づくにつれて一層はっきりしたのですが、まさしく黒い塔でした。城壁の上につき出ていて、物見櫓のような覗き窓がついている。

旦那さまが槍をかまえました。サンチョは一瞬、ヒヤリとしたといいました。また風車のときのように、ロシナンテの痩せ腹を蹴とばして突進したりはなさらないか？　でも、余計な心配というものでした。もはや、そんな道理はないのです。ドン・キホーテさまは暗い城壁を前にして、深い思いに耽っているふうでした。ロシナンテもまた砂の上につっ立って石像のように動かない。

ロバがクークーと悲しそうな鳴き声をたてました。

旦那さまは馬から降りると、槍を持ったまま城壁に近づいていかれる。サンチョは仕方なく、自分もロバから降りて、ロシナンテの手綱をとると、いそいであとからついていったそうです。塔の下には弓形の城門があって、飾り鋲の打たれた木の扉で閉ざされている。旦那さまが槍の尻で叩きましたが、応える声はなく、門もまたかたく閉ざされたまま。

「中に入らない方がよござんすよ」

夫はうしろからささやいたそうです。でもご主人さまは何か肚を決めたふうで、砂を踏んでスタスタと歩いていく。城壁に沿って半マイルばかりすすんだところに、もう一つの門があって、そこにも木の扉がありましたが、槍の尻でドンと突くと、鈍い音をたてて開きました。

「中に入らない方が――」

そんな声にいさいかまわず、ご主人さまが入っていく。夫がいそいであとにつづこうとしたところ、ロシナンテがいやがって入ろうとしない。ロバも同様、死にもの狂いに四つ脚をつっぱらかして抵抗する。やむなく手綱を門柱の鉤にひっかけ、小走りにあとを追ったのです。

狭い、静かな、人けのない街路からできた小さな市《まち》だったそうです。月明かりに照らされて角の建物の戸口に一個の彫刻が見えました。擬人化された二匹の蛇がからみ合っている。酒場か何かの店にちがいありません。でも、つるされた角燈《ランタン》に灯はなく、声はもとより人のけはいがまるでないのです。角を曲がると、かなりの大きさの広場に出ました。石畳のあちこちに、黒い影が仁王立ちしてこちらをにらんでいる！　サンチョはおもわずご主人さまの腰にしがみつきましたが、なんのことはない、よく見ると、それはいろんな動物の石像で、獅子やラクダや馬が青白い月光のもとに、つめたく佇んでいるのでした。

先の手紙で申しましたね、わたしたちの国は、いかにも暗いところのような気がしますが、そうして実際、そうにちがいないのですが、しかし、その暗さは、光がたりないための暗さではなく、むしろ光が多すぎるための暗さではないでしょうか――と。あのときは沙漠の暗さについて述べたまででしたが、このとき主従が迷いこんだ廃市の暗さも、似たようなものであったようです。そこには夢見るような月光があふれていて、ものみなが――石畳も、建物の壁も、廻廊の柱も、石像も――月明かりの下にクッキリと見える。だのに辺りは途方もなく暗いのです。いぶし銀のような、どこまでも透明な闇が世界をすっぽり覆いつくした感じ。そのとき、はじめて夫は旦那さまの顔に気づいたといいました。

「赤茶けたナマズひげのあるあの顔かえ？」

と、わたしがたずねたところ、夫は答えました。

「そうよ、あの顔よ。あのとき、月明かりの下で見た旦那さまは、これまでついぞなかったほどの、おそろしく侘《わび》しげな顔をしていなさった」

廻廊の奥に踏みこんだところ、バタバタと翼の音をのこして夜鳥の群れが飛び立ちました。それがこの廃市にいる唯一の生き物であるらしい。次の狭い街路に入ると、戸口に白いものがちらばっていました。三匹の犬の骸骨で、壁にとりつけられた錆びた三つのくさりにつながれていたのですね。さらによく見ると、石畳のすきまからヒコバエのような草がはえている。どうやら、この市は、ほんの数ヵ月前に放棄されたらしく、戸口は錠でとめられ、窓ごとにしっかり鎧戸が下りている。

それにしても、どうして人々はここを捨てたのでしょう？　どの建物も荒らされず、すべてが整然と残されているところをみると、夷狄《いてき》に襲われたのではなく、地震や火事、殺戮があったのでもない。要するに住民がこぞって一体となり、粛々としてここから出ていった。いったい何があったのでしょう？

ご主人さまの腰につかまるようにして、なおもすすんでいくと、城塞のような大きな煉瓦づくりの建物の前にきたそうです。かつての為政者の館であり、また牢獄として使われていたらしく、中門の両脇に、古色をおびた青銅の戦士像が二体、番兵のように整然と立ち、うつろな眼窩で、もの好きな主従をじっと見つめていました。夫の身ぶるいが、旦那さまにつたわったのでしょう、その足どりがのろくなり、やがてピタリととまりました。

二人が道を引き返し、裏門のところに来てみると、ロシナンテとロバとは顔をつけ合い、首を垂れて眠っていました。地平線がうっすらと赤らみ、そこに細い煙が立ちのぼっているのが見えました。露営の煙にちがいありません。旦那さまをせきたてて馬を急がせ、昼ちかくにようやく両名は隊商に追いつきました。

今日もまた澄んだ青空がひろがっています。今朝はやく立ち寄られた司祭さまのはなしでは、ドン・キホーテさまのおいのちも今日をかぎりとのことで、夫は、とるものもとりあえず駆け出していきました。悲しみは悲しみとして、家庭の主婦たるものは、しかるべき支度をしておかなくてはなりますまい。それがイスパニアの女のつとめというもの。おばあさまの葬式の日に着た更紗の喪服に火のしをかけておきましょう。あなたも一度はこの地にお住いされていたのですもの、きっとごぞんじですわ、わたしたちの生きている風土が、こういう酷薄な風土だということ。

——ええ、あなたにはもうおわかりです、イスラエルの人々は賢明にも沙漠の市をすてて水にめぐまれたカナーンの地に移住しました。しかし、わたしたちには、どうしてもそんな気持はおこりません。廃市の月明かりの下で夫が見た、ご主人さまの「おそろしく侘しげな顔」は、わたしたちの顔であって、この「憂い顔の騎士」とともに、わたしたちは、どこまでも沙漠を放浪しなくてはならないのです。沙漠の狂暴は、その静寂にもまして、わたしたちの心をときめかせます。それにしてもわたしたちの周囲には、沙漠に住んでいながら、それを沙漠と気づいていない人々の、なんと多いことでしょう。たしか先の手紙に、わたしは書きましたね。「イスパニアは沙漠です。私はあくまで、荒れくるう砂塵のなかで生きてゆきます。こういう私の心のうごきは、私が、敵にうしろをみせず、負けるとわかっていても、決して持場を放棄しようとはしなかった、イスパニアの武士の血をうけているためでしょうか」と。

青空――どこまでも澄んだイスパニアの青い空。問題はこれ、この空なのです、空がわたしたちを悩ませます。ひっそりとしずまり返った大空は、わたしたちの悩みの種であって、もう空を仰ぐことがたえられない。それというのも空は遠く、途轍もなくはなれていて、どうすることもできないからです。太陽と雲に向かって矢を放った、あのスキタイ人のこころは、わたしたちのこころでもあるでしょう。打ち明けていえば、わたしたちはこの青空を憎んでいます――途方もなく、そして憎悪の最高の形式である、はげしい無力感をもって。

ドン・キホーテさまが、あのような長旅にのり出していかれたのも、憎らしい空に復讐するためだったのかもしれません。無邪気に空に羽根をのばして、風を受けカラカラと廻る風車に突進していかれたのも、とびきり愚鈍なやからに、せめて槍の一突きでもくらわしたかったからではないでしょうか。鞭の一打ちをくれてやる。それというのも空は敵意をもって、重々しく大地を押さえつけているのに、わたしたちには空を征服する力がないからです。青空の果てしのない広がりは、ちっぽけなわたしたちを侮辱するためだけにあるかのようだし、夜空を飾る無数の星は、わたしたちを当惑させるためだけにのみ輝いているかのようです。なんとシャクにさわることでしょう。この大空の無限のひろがりは、わたしたちの地上の世界とは、あまりにも不釣合いであって、傲慢であり、だからこそ恥ずべきではないでしょうか。あの星々は、何を願っているのでしょう？　なんのためにあらわれるのです？　何がおもしろくて、夜な夜な、わざわざ出てくるのでしょう？

ドン・キホーテさまは騎士道小説を読みすぎて頭のいかれた郷士でした。わたしの夫のサンチョ・パンザにしても、おつむの弱いおどけ者でした。主従ともに嘲りの対象であったものが、しかしながら、いつしか人生の聖者に変わっていたではありませんか。地上の桎梏が、こんなにもあざやかに、二人を変貌させた。夫は今朝、出がけに申していましたが、ご主人さまのいのちの火がへるよりはやく、村の画家に肖像を描かせるつもりだそうです。旅のあいだ、たえず持ちあるいた楯に、深い悲しみをたたえた騎士として描かせようと心に決めたというのです。

ああ、あの青空が憎らしい。これといってはっきりとした理由もなく、無限にひろがっている大空は、わたしたちの助けとなるような何一つとして語らない。宇宙の渾沌とした星雲は、意味をもたないまま存在するすべてのものがそうであるように、たまらなく腹立たしい。わたしには天文学者なんて人が理解できない。気狂いにもならず、自殺もしないで、どうして平然と空の星を眺めることができ、広漠とした空からたえまなく送られてくる宇宙の侮辱に耐えることができるのでしょう。それともあの人たちは、おぼつかないレンズと器具によって天を支配していると でも思っているのでしょうか。

わたしたちをつつんでいる空気は、まだよどんではいますが、それでも燃えている焰のようです。沙漠にひかれ、そして内にも外にも、沙漠の風景をみるのは、この異様な空気のためかもしれません。やがて間もなく風が吹きはじめ、そうして、それは、だんだん吹きつのってゆくでしょう。砂は、最初のうちは、例によって、楽器を鳴らしたり、歌ったり、笑ったりするでしょう。しかし、不意に野獣のようなうなり声をあげ、たちまちものすごい勢いで、空にむかって濛々《もうもう》と舞いあがるでしょう。無気味なうねりをみせながら、めにもとまらない速さで、低く地を這ってゆくでしょう。空一面にひろがった砂煙のために光の薄れてしまった太陽が、ぼんやりと、いぶし銀いろにかがやいているところや、たったいま、仲間のひとりを跡形《あとかた》もなくのみこんでしまった流砂が、こともなげに悠々とながれてゆくところなどを、わたしはあざやかに思い描くことができるのです。

そうだ、わたしはもう空を見ないことにしよう。青空のかわりに、その空が覆っている季節や子供たちを愛し、華やかな夜の星よりも、貧しい屋根の下のあたたかい掛ぶとんにつつまれることにしよう。憎らしい銀河の演じる野外劇など、もう二度と見てやるものか。この世には詩人とよばれる人々がいて、愚かしい子供のように、澄んだ空や満天の星をみると、有頂天になるそうだけど、とんだおバカさんね。

夫がもどってくる。あの力なげな足どりからも、あの頭の垂れぐあいからもわかります。では、さようなら。いそいでドン・キホーテさまのご葬儀にとりかからなくては。

川田晴久

かわだ・はるひさ
ボードビリアン

川田晴久とは三度出会った。正確にいうと、川田晴久の声とである。

最初はラジオを通してであった。昭和二十年代の半ば、当時、十歳の少年は「五球スーパー」とよばれた箱型のラジオの前に正座していた。それまでおよそ耳にしたことのない、高い、張りのある、澄んだ声が流れてきた。メロディーがセリフにかわり、早口ことばになり、おしまいはせつせつと歌い上げるような調子。よくわからないなりに、なにやらたのしく、おもしろいことはちゃんとわかった。同じおもしろさでも、日ごろしたしんでいた漫才や落語とは、まるきりちがう。浪曲と似ているが、合いの音はペペペンの三味線ではなく、にぎやかなギターだった。

「いったい、どういうことだろう?」

首をひねりながら、じっと耳を傾けていた。

二度目は二十代の半ばすぎ。「政府留学生」といった資格でオーストリアのウィーンにいた。滞在二年目に入り、ようやく生活が地についてきたころだった。

ドイツの主だった都市には、きまって「カバレット」とよばれるものがある。キャバレーと同じ生まれたが、日本のキャバレーとはまるきりちがう。客席百人ばかりの小さな劇場で、たのめばビールやワインが出てくる。役者はせいぜい四人どまり。たいていは長らくコンビをつくってきた。歌とセリフで寸劇をメドレーでつないでいく。楽器はギターやアコーディオン、あるいはピアノ弾きが隅に控えていたりする。

おなじみの曲、そこに自前の歌詞がつく。からかいや風刺が入れこんであって、モノマネや声帯模写で、有名人を笑いものにする。

あるとき、やにわに「セントルイス・ブルース」が鳴りはじめ、そこにセリフがかぶさった。客席に笑いが起きた。朝の新聞の大見出しになっていたのが、セリフにまじえてあって、笑いの種に使ってある。とたんに川田晴久の十八番だった「浪曲セントルイス・ブルース」が頭をかすめた。

国々ことばは異《こと》なれど
歌う心はみなひとつ――

浪曲調のしめくくりのひとふしが述べたとおりであって、ことばはちがっても、演じる型はほぼ同じ。遠い記憶の声の人と、異国の小舞台の芸人が二重唱をはじめたぐあいだった。

三度目は四十代半ばのこと。ある出版社から、耳でしたしんできた芸人をとりあげ、「懐かしの演芸館」と題する書き下しをたのまれた。レコードやテープをくり返し聴き直しては、「川田晴久とダイナ・ブラザース」の舞台を活字におこした。

むろん、このとき、とりわけ親密に川田晴久と対面した。もっともよく知ったのもこのときのはずだが、あんがいそうではなかったかもしれない。

「レコードを聴いて私は全部を思いだした」

そんなことを書いている。ハナたらしの少年がラジオを通して知ったことを、少しも忘れていないのに気がついたというのだ。「いろいろと組み合わされた一連のリズムが、死ぬまで自分の頭の中と身体のどこかで響いているにちがいない」

一連のエッセイを書き上げたとき、「懐かしの演芸館」は副題にして、全体のタイトルを『地球の上に朝がくる』とした。川田晴久を借りたわけだ。つまりは、もっとも印象深く、その声が記憶に刻まれていたからである。

三度目のときにはじめて知ったのだが、川田晴久は長い芸歴をもっていた。昭和のはじめに浅草でデビュー。持前の美声を生かし、歌手だった。やがて吉本ショウに出るようになり、唄とコントで人気者になったというから、早くから歌うだけのタイプではなかったのだろう。

昭和十二年（一九三七）、「あきれたぼういず」を結成。ボーイズ物のはしりといわれるが、レコードに残された演目によると、〃川田節〃とよばれた芸のスタイルは、すでにこのころにできあがっていた。芸名が川田義雄。だから、ある年代以上の人には、川田晴久よりも川田義雄のほうがしたしいだろう。

戦後、「ダイナ・ブラザース」をつくったときも、はじめは「川田義雄とダイナ・ブラザース」といった。晴久に改名したのは昭和二十四年（一九四九）のこと。とすると私は少年のころ、それと知らず、「川田晴久とダイナ・ブラザース」の出発に立ち会っていたことになる。

そういった経過はべつにして、「地球の上に朝がくる」の大ヒットは、やはり川田晴久のせいではあるまいか。重苦しい軍国主義の時代がやっと終わった。敗戦国ニッポン人の暮らしは貧しかったが、希望があった。「民主国家の建設」といったスローガンが、大まじめに口にされていた。新日本が眩しく、民主主義が輝いていた。

夜が明ける。車などめったにこない広い道の上に広い空があった。まさしく「地球の上に朝がくる」。伝令のようにそれを伝え、高らかに歌う人は、「義雄」といった古いモラルの産物のような名前ではなく、「晴久」が似合っていた。久しぶりに訪れた晴れもよう。その点、川田晴久の登場は、時代の空気をあざやかに要約していた。

「あきれたぼういず」のころにヒットした演目は「商売往来」「珍カルメン」「四文オペラ」「嘘くらべ」……。タイトルからも、世相をチクリと刺したり、からかったりの方向が見てとれる。歌劇「カルメン」にあやかったり、ブレヒトの「三文オペラ」のパロディ「四文オペラ」である。「ダイナ・ブラザース」の大当たりは「スキング狂騒曲」「あきれた人生劇場」「笑う地球に朝が来る」「東京カチンカ娘」。ジャズと浪曲を組み合わせ、ときには自分の当り狂言をパロディにした。


ウィーンの小劇場で川田晴久を思い出したのは地球の上の東西二つの舞台の性格が、二つのエンドウ豆のようによく似ていたからである。カバレットのはじまりについては諸説があるが、ほぼ二十世紀のはじめごろ、まず大都市に生まれた。ブレヒトやケストナーといった作家、劇作家は、若いころにカバレットで修業をした。

たしかに修業に打ってつけの場であった。ここでデビューするためには、ソロのテノールとして歌えるだけでなく、巧みに歌詞を取り代えて笑わせなくてはならない。いろんな楽器が自由に使えて、歌唱力とともにモノマネの才能、パロディの能力を必要とする。滑稽な道化役が本業だが、おかしいだけではダメ、ときには暗い影をやどした俳優、あるいは即興でセリフをつくる創作力をそなえていること。

おなじみの持ち歌や、当り狂言の一方で、その日に新聞に出ていたことを、すばやく取りこみ、応用する。あてこすったり、皮肉ったりはしても、客席の人々を傷つけたり、イヤな気持にさせてはならない。

こういったことは演じる側の条件だが、同時に客席にも求められる。舞台で演じられるところを、いち早く感じとる。からかい、もじり、パロディのたのしさを理解し、ニヤリとしたり、クスクス笑ったり、ときにはドッと笑いの唱和をする。

モノマネが何をとらえて、どの点を誇張し、笑いの刃がどこに向けられているのか、オペラのパロディが、どの作のどの個所で、どの歌手のどのような特長をとりあげているのか、即座に察知する。単に笑えばいいのではないのだ。笑ったあと、すぐに静けさと緊張に立ちもどる。バカ笑いは、演じる側にも客席にも軽蔑される。芸のハードルが高いのだ。入場料を払いさえすれば、誰でも客になれるわけではない。

川田晴久の「浪曲セントルイス・ブルース」は、トランペットによる「セントルイス・ブルース」の演奏ではじまった。まずは〝川田節〟の浪曲調。

〽水の流れと人の世は

落つれば同じ谷川の
流れて末は大西洋へ
沖のカモメに潮どき問えば……

テノールに転じた人気オペラ歌手藤原義江の歌いっぷり。ただし、歌詞は民謡。

わたしゃ立つ鳥
ヤッコラ　サーノサ
波に聞けよ
トコ、ズイズイ

と思うと、やにわに活弁調になって、「おお春や春、春、南邦《なんぽう》のローマンス」の口上とともに、歌舞伎のセリフ。あるいはグリークの歌劇「ペール・ギュント」より、有名なアリア「ソルベークの歌」が披露された。荘重な訳詩体で、「冬もすぎ春も去《い》なむ、待てど暮らせど帰り来ませず、遠き空よ、ああ……ああ……」。
それを「あーあ、じれったい」のひと声でポンと打ち切ったあと、広沢虎造お得意の「森の石松」。ただし、パロディに仕立ててある。

お話かわって石松は
朝から晩まで湯につかり
のぼせて頭がヘンになり
歌う文句もわれながら
バカは死ななきゃ治らない——

「浪曲セントルイス・ブルース」は、正確には川田晴久ひとりのものではない。「あきれたぼういず」四人組の合作である。しかし、そもそも川田晴久がいてはじめて成り立つ演目だった。だからこそグループ解散後、ひとり川田晴久が演じつづけた。

「ダイナ・ブラザース」になってからは、さらに讃美歌や草津節、流行歌の替え歌、百人一首の朗詠、東京行進曲、映画のセリフなど、盛り沢山に変調したが、基本のパターンは変わらなかった。歌とセリフの話術として完成されていたからだ。

おしまいにきまって川田晴久のギター浪曲がつく。フィナーレは、つぎのとおり。

ああ、世の中よ
今も昔も変わらぬは
清き乙女のまごころぞ
会うは別れのはじめとやら
別れていくや、おぼろ夜の
涙かくして空みれば
泣いているよな春の月

ヨーロッパのカバレット芸が知らない哀調と人生観とをただよわせていた。数々の舞台で鍛えられた声と演奏。リズム、軽快さ、さまざまな歌のジャンルに対する教養、地口やシャレ、掛けことば、そういったものを自家薬籠中のものにした上での芸能だった。たっぷり元手がかかっているからこそ、永遠にハイカラで古びなかった。とともに、そんな生え抜きの芸人に育てられた客たちがいた。ほんものの芸と人を見きわめ、聞き分ける客席があった。

川田晴久は昭和三十二年（一九五七）、五十歳で死んだ。

とき早い死であったが、しかし、いいときに死んだ。「所得倍増」を旗じるしに、わが国が高度成長へと駆け出したころである。懐がふくらむ一方で、品性が大きく下落した。芸能の世界では、とめどない退化がはじまった。舞台では芸よりも愛敬がハバをきかせ、客はただ笑いたがる。戦後の朝が終わり、けだるい昼の到来の前に、晴れ男はさっさとこの世からおさらばした。

野尻抱影

のじり・ほうえい
英文学者・星の先生

いま、ある世代以上は野尻抱影をよく知っている。「星の先生」だった。『星座巡礼』『星座めぐり』『星の神話』……。古本屋で見つけると、いそいそとかかえて帰った。多少とも夜空の地図が読めるようになったのは抱影本のおかげである。

あれがカシオペア、あれがアルデバラン、あそこのあれがスバル――。公園のベンチで恋人に、知ったかぶりで指さした。かすかに夾竹桃《きょうちくとう》の匂いがした。恋人の白い横顔がまぶしかった。小さな胸のふくらみもまぶしかった。何もかもまぶしかったあのころ――中高年が青春をたぐりだすと、そんな思い出にいきつく。そもそも星の本にしたしんだのも、夜と公園のベンチと恋人をあてこんでのことではなかったか。

野尻抱影、本名正英《まさふさ》。明治十八年（一八八五）、横浜の生まれ。早稲田の英文を出て、しばらく山梨県甲府中学の英語教師をしていた。ちなみに作家大佛《おさらぎ》次郎（本名・野尻清彦）は弟にあたる。甲府時代のことだが、明治四十三年（一九一〇）、ハレー彗星が世界中を騒がせた。日が暮れると、大きく西の空にあらわれる。長い尾を引き、まわりがぼんやりと明るく、白い霧を吹き散らしているように見えた。地球と衝突するというデマが流れた。そのとき世界は滅亡、何もかもおしまい……。デマをまにうけ、この世の見おさめに飲み食い散財に精出した人もいたらしい。

野尻抱影が星の研究をはじめたのは、ハレー彗星がきっかけだったのかもしれない。二十代半ばの英語教師には「サーチライトのような空の怪物」に見えて、畏怖のようなものを覚えた。教師生活を切りあげて東京にもどり、研究社に入って雑誌『中学生』の編集者になった。かたわら目で見える星をとりあげ、「肉眼星の会」を連載。「星の先生」のデビューである。四十歳のとき、はじめての星の本『星座巡礼』を刊行。ロングセラーとなって戦後にも読み継がれ、夜・公園のベンチ・恋人組がおこぼれにあずかったわけである。

昭和五年（一九三〇）、太陽系の新惑星プルートに「冥王星」の訳名をつけた。それをお手本にして、のちの世代にもアマチュア天文家を志した人が少なくなかった。私の友人もその一人だったが、高校天文部に入り、理科教室の上の小さなドームの天文台で、夜な夜な望遠鏡をのぞいていた。

そんな清雅な人が一方で泥棒にくわしかった。『星座巡礼』と同じころ、スティーヴンスンの

『宝島』を訳した。そこにはジョン・シルヴァーという魅力ある悪党が登場する。一本脚で肩に老オウムをとまらせ、いつも悠然としていて、悪だくみが露顕しても顔色一つかえない。

死びとの箱の上に、十五人
ヨウ　ホウ　ホウ
おまけにラムも一本よ

ラムを飲みながら海賊たちが奇妙な歌をうたう。訳者野尻抱影は歌詞の意味に頭をかかえた。そこで古い唄の考証をはじめたのがきっかけだった。十七世紀から十八世紀にかけて、「悪党モノ」というべき読み物があるのに気がついた。そこではダーティなヒーローが大活躍をする。つたえ話がいろいろとあって、イギリス人なら子供でも知っている。王もうらやむダンディで侠賊として人気のあったクロード・デューヴァル、同じく大のシャレ者で、賭博で大負けに負けても平然としていた殿様強盗ジェームス・マクリーン、街道にひそんで神出鬼没、愛馬ブラック・ベスにうちまたがったディック・ターピン、七ヵ月のあいだに四つの牢破りをやってのけて、ロンドンっ子のやんやの喝采をあびた脱獄名人ジャック・シェパード……。

たいていは読み本作者がおもしろおかしく書きとばし、粗末な紙の絵入り本として市《いち》で売られた。物語にはきっと唄がついていて、唄だけあつめたパンフレットを大道芸人が歌いながら売りあるいた。スティーヴンソンが海賊たちに歌わせたのは、そんな時代のはやり唄の一つだった。

作者不詳の読み本作者だけではない、世界文学に名をのこす作家たちも好んで悪党をとりあげた。『ロビンソン・クルーソー』の作者デフォーは、稀代のあばずれ女の伝記『モル・フランダース』と『ジョン・シェパード』を書いた。フィールディングは名作『トム・ジョーンズ』のほかに『大盗ジョナサン・ワイルド伝』をのこしている。スモレットは悪党ロデリック・ランダムの生涯をピカロ小説に仕立て上げた。ついでながらほぼ同時代のドイツでは、ゲーテの義弟にあたるクリスティアン・ヴルピウスが伝説的な盗賊をモデルにして、『大盗リナルド・リナルディーニの波瀾万丈の一生』を書き、──ゲーテはくやしがったものだが──たった一冊で文豪ゲーテの全著作にまさるほどの売り上げをふところにした。

読み捨てられていた主人公たちをとりあげ、史書や記録を調べて伝説を正しながら、野尻抱影はひとり、またひとりと書いていった。クロード・デューヴァル、ジャック・シェパード、ジョナサン・ワイルド、ディック・ターピン、ジェームス・マクリーン。運悪くとっつかまって、彼らがぶちこまれたニューゲート牢獄のこと。当時の服装、髪のかたち、貨幣、法律と習わし、ロンドンの街と近郊のこと。一応のまとまりを見せたとき、『英文学裏町話』として本にした。それまで英文学者が誰も手をつけようとしなかった「裏」の分野であって、貴重な十七・十八世紀イギリス同時代史を兼ねていた。

人はかわっても、そこには一つの特徴が見てとれた。凶状書きが出まわっているというのに、悪党たちが奇妙なほど自由に行動していることである。なじみの女のいる居酒屋に出入りし、白昼公然とロンドン市街を徘徊している。それもそのはず、すぐ近くに絶好の隠れ家があった。街を一歩出ると荒涼とした野山があり、深い森へとつづいていた。うしろ暗い連中は雲行きがあやしくなると、さっさと町から退散して森に隠れた。ロンドンの四方に広大なアジール（避難所）があったわけである。ロビン・フッドをごぞんじだろう。シャーウッドの森を根城に仲間たちとチームを組み、悪代官や欲ばり大僧正をやっつけた。もともとは十二世紀の物語だが、緑の森がアウトローの避難所だった点では十八世紀まで、ほとんど変わっていなかった。ロビン・フッドの一団がそろって緑の服を着ていたかどうかは定かではないが、森の緑が彼らの保護色であったことはたしかである。

ロンドン市外の野山が大きく変化するのは十九世紀になってからである。イギリスはいち早く産業革命に突入する。森が伐りひらかれ、沼や畑には大々的な整地がなされて、つぎつぎと工場ができていった。レンガの煙突からもくもくと黒煙がたちのぼる。まわりには同じく黒煙を吐いて機関車が走りまわる。ロンドンはたちまち悪評高いスモッグの都になった。

とともに悪党たちも自由な逃げ場を失った。緑の森ではなく、大都市の闇にひそむしかない。

いずれも小利口で小狡い、可愛げのない悪人どもであって、庶民のヒーローになったりしない。当然のことながら野尻抱影の関心をひかなかった。野尻版悪党列伝はジョン・シルヴァーやキャプテン・キッドの考証で打ち切られた。

「「大盗・怪盗華やかなりし時代」などといっては、語弊がないではないが、少なくも十七世紀末から十八世紀前半にかけてのイギリスはこれに近い時代だったといえるだろう」

野尻抱影はもう一つの怪盗伝を書きのこしていた。この庶民派の学者には『英文学裏町話』が、多少とも自分の嫌いな「学究的」のように思えたのではあるまいか。数ある悪党のなかでも一番のお気に入り、ジャック・シェパードをめぐる一代記。資料によりながら、自分の調査と考えをまじえてつづっていった。シェパードをめぐって書けば、おのずとそれは遠い昔の怪盗伝にとどまらず、資本主義体制はなやかな二十世紀の悪の構図もあぶり出す。

ジャック・シェパードにはジョナサン・ワイルドというライバルがいた。十手をあずかる御用聞きの一方で、悪党をおどして獲物を召し上げ、市中で堂々と売りさばく。国外に代理店をつくり、盗品を効率よく運用した。

とたんに「あの男」が思い出されてくるだろう。盗賊の親分メキ・メサー、人よんで「どすのメック」、ブレヒトの『三文オペラ』の主人公である。悪党であるが、縦じまのダブルの背広に蝶ネクタイ、手には白い手袋をつけ、細身のステッキをたずさえている。ロンドンの盛り場にあって、隠然とにらみをきかし、警視総監もうかつに手を出せない。痛いところを握られているからだ。

ブレヒトは十八世紀イギリスのジョン・ゲイがつくった『乞食オペラ』を下敷きにした。そして原作はまさにジャック・シェパードとジョナサン・ワイルドをモデルにしてつくられた。

「……ジャックとワイルドに関する資料は、他の記録からも抜いて、あちこちに挿入してみた」

弟の大佛次郎は近・現代の歴史物を得意としたが、兄抱影は前近代の、わりとノンキな悪の世界が好きだった。そこにはジャズよりも手風琴がひびいている。権力と金力が取り引きをして、盗賊に栄誉がさずけられる時代の根っこのところにさかのぼった。遠い星をながめるようにして遠い巷のざわめきをうかがい、天体の地図をつくるようにして悪の二つ星を中心に時代の星座標をつくっていった。素朴さをバカにしてはいけない。それはしばしば、しかつめらしい理論を尻目にかけて、ここちよくたのしませつつ、そっと次の次元へと導いてくれる。

岩本素白

いわもと・そはく
国文学者・随筆家

いつも素白先生である。なぜか、こうなる。素白さん、素白氏、どれもいけない。やはり素白先生だ。

直接おそわったことはないが、その本からいろいろ学んだ。たとえば散歩の楽しさを知った。騎西、牛堀、布佐、向島、大利根、関宿、白子の宿……。こういった地名は、私にはいつも素白先生とかさなっている。フラリと出かけるとき、その日いちにち、素白先生の目でながめ、素白先生の脚で歩いている。

むろん、散歩だけではない。素白流散歩の報告も含めて、何よりも静かな文章を学んだ。静けさのしみとおった言葉づかい。それというのも、美しいものは本来、静かなものであるからだ。静けさのない風景は風景でないばかりでなく、そもそも何ものでもないだろう。死が多少とも恐ろしいのは、あまりに静まり返っているからだ。

世に「先生」はワンサといるが、素白先生を知る人はほんのわずかだ。だからまず経歴をしるしておく。

岩本堅一という固い名前が本名。明治十六年（一八八三）、東京・麻布の生まれ。明治三十七年（一九〇四）、早稲田大学（当時は東京専門学校）文学部国文科卒。麻布中学教師を経て大正十一年（一九二二）、早稲田大学文学部国文科教授。停年退職後は跡見学園短大で教えた。昭和三十六年（一九六一）十月没。

早稲田の同期生だった歌人窪田空穂が述べている。「教員という職は大体安定したものであるが、それにしても岩本君はその上での単純と純粋を極めた人という感がある」。

生前の著書は三冊。一つは『日本文学の写実精神』といって、論文集にあたる。早大国文科の研究誌に寄稿したのをまとめたもの。あとの二つは随筆集で、『山居俗情』『素白集』。死後、随筆集を一つにして、「素白集以後」を加えた『素白随筆』が出た。のちにこれらが『岩本素白全集』全三巻となり、二巻目に新しく「遺珠」が加わった。

随筆のおおかたは窪田空穂主宰の歌誌「槻《つき》の木」に発表された。空穂が打ち明けているが「同人に懇望されて岩本君の余儀なくも書いたもの」ばかりだという。つね日ごろ自作に気むずかしくて、一向に筆をとろうとしない。文芸にたずさわる者が作品に気むずかしいのは当然だが、

「岩本君はその当然を超えたもの」であって、並外れた潔癖さに手を焼いた。一冊に編むなど、とても承知しまいと諦めていた。

砂子屋書房を経営していた山崎剛平は昭和の出版史に名を残した人である。おそらく、どこか素白先生と通じるものがあったのだろう。その山崎剛平がくどき落として最初の本『山居俗情』が実現した。

『素白集』には素白先生自身があとがきをつけている。仏文学者山内義雄氏に強くすすめられたが、それでも渋っていた。自分の文章は「寒地に柑橘《かんきつ》を栽培するようなもの」であって、たまに果実を得ても、実りは小さく香気に乏しいというのだ。ただ、つづいて素白先生は書き添えている。戦火にあって蔵書の一切を失った。これまでしたしんできた書物をことごとく失ってみると、不思議にも「自分の拙い作品に深い愛着」を覚えるようになり、それでみずからはじめて編んでみる気になったという。ときに素白先生、六十四歳。その生涯のみならず、自作に対しても「単純と純粋を極めた人」というべきだろう。

この人にとって明治半ばの、いまだ宿場町の雰囲気を色濃くやどした品川で育ったことが大きかった。落語「品川心中」に語られているとおり「水茶屋」とよばれる娼家が軒を並べていた。ふつう宿場町では商家のあいだに妓楼が控えているものだが、品川ではむしろ並びたつ娼家のあいだに質屋や湯屋や荒物屋が肩をすくめるようにしてまじっていた。

堅一少年は幼いながらにいつのまにか、「ぎゅう」とよばれるのは妓夫のことであり、おいらんが華やかなようでいて実は惨めな女であることを知っていた。遣り手がとことん貪欲な婆《ばば》であって、「豆どん」というのは、幼いころに買われてきて、朝から晩までこき使われ、いつも眠くてひもじい思いをしている少女である、といったことも呑みこんでいた。遊び仲間に水茶屋の息子がいて、わるく通《つう》ぶっている若旦那そっくりの話し方をした。

「どの店にだって、心中の一つや二つ、出ていない店はない」

「罪な商売さね」

何かのはずみに、大人たちがそんなことをいい交わしているのを、さりげなく耳をそば立てて聞いていていた。

素白先生のごく初期の作に――といっても筆をとったのは五十代になってからだが――「ゆく雲」と題した一篇がある。慶一という少年を主人公にした私小説風のつくりで、「明治中期の東京の場末のある町と学校と、其処に育った少年の心もちとの記録」の添え書きがついている。ゆく雲のように幼い日の青空を通りすぎた心象風景をつづったものだ。

それから二十数年後、「東海道品川宿」のタイトルで書きはじめた。素白随筆のなかで唯一書き継がれた連作であって、全部で十三篇を数える。最後の執筆の日付けは昭和三十五年（一九六〇）十月、つまり、ちょうど死の一年前。いちどは心象風景にくるんだものを、このたびはより具体的に、町の風俗や人情、信仰、習わしなど、語りつがれてきた怪談や笑い話をまじえながら書きとめようとした。それも幼い自分が感じとったそのとおり、少年の感性を通してつづってい く。

その際、書き手の眼差しがどこにあったか、第三話の終わりちかくに述べてある。「平凡で、愚直で、名も知られず、金も積まず碌々《ろくろく》として生を終えた善良な人々」。たえず素白先生の帰っていったところだ。今の世の「名利を求める賢い人々」に用はない。

おそらくはクスクス笑いをこらえながらだろうが、素白先生は「がんぽんち」の名でよんだりした。

「……困るのは哲学や思想方面の人達だ。これがまたひどく難かしいばかりでなく、無理な漢語をどしどし造る眼本知《がんぽんち》先生が決して少くない」

辛辣な目がチラリとのぞく。生硬な言葉、これみよがしの漢字やカタカナの外来語、それを素白先生は「言葉の虚栄」とよんでいる。言葉の虚勢とも述べた。見せかけ、空いばり、こけおどし。

自作には気むずかしかったが、気むずかしい人では決してなかった。文章のはしばしに読みとれる。「孤高」などとはまるで縁遠い、人なつっこい性格だった。「星の先生」こと野尻抱影は四十年にある友人だった。こちらの先生が「素白・友信抄」と題して、送られてきた葉書を引きながら友人の人となりに触れている。

「もう梅も大分《だいぶ》美しい頃とフラ〳〵出掛るべき処《ところ》安い風の水鼻たら四郎……」

こんな言い方をする人だった。明治生まれの東京人の語彙であって、幼いころに愛読した『八犬伝』でおなじみ、鼻カゼで水鼻たら四郎である。あるいは素白先生自身が葉書のなかで述べている。この自分ときたら、「賑やかなのは好きだが、騒々しいのは嫌い、静かなものは好ましいが淋しいのはいいやという厄介もの」。

野尻抱影は、何度か客のいるところに同席したが、当主役の素白先生は行儀よく端座して、静かな声で笑いを洩らしながら、いつまでも話していた。客を引きとめているのはむしろ素白先生のほうだった。

素白随筆に見落してはならない一点だろう。しみるような哀感のなかにも、えもいえぬゆたかさ、賑わい、はなやぎがひそんでいる。語る人の「文化」というものが匂ってくる。

散歩コースにも人となりがよく出ている。文字どおりの散歩であって、方角、行先を決めていないこともあった。大通りにはじまっても、すぐに裏通り、路地裏に入っていく。三軒長屋、格子戸、出窓の草花、さびれた旧街道の宿駅、江戸川べりの古い渡し。

目の前のバスに飛び乗って、そのまま終点まで行ったこともある。北埼玉の何てことのない辺り、「弥勒」や「村君」といった地名にひかれて出かけていくところが、いかにもこの人らしいのだ。

「猿梨の杖」というのを愛用していた。ステッキであって、そこに「狂多愛出遊」と彫りこんである。行先は決まっていなくても決めていることが一つあった。必ずひとりで行くこと。とびきり博く深く知る人だったが、つつましく秘めて、ひけらかし嫌い。

野尻抱影宛の葉書の一つ。

「昨日は三時半というのに川越街道を行くバスに飛び乗り……」

昭和三十六年（一九六一）三月の日付け、死の七ヵ月前のこと。素白先生、七十八歳。そのままバスの窓から「草葺屋根が日向ぼっこでもしている」のをながめながら揺られていたというが、なんとも楽しい人ではないか。

「素白」の号が何によるのか、私は知らない。武人としての道を絶たれたのち、一介の文人として隠れ棲《す》んだ木下長嘯子のあとを訪ね、その歌文を集めた「挙白集」に触れているが、これにちなむのではないかと勝手に考えている。それにしても素白とは、いい名前である。

澤村宗十郎・坂東三津五郎

さわむら・そうじゅうろう
歌舞伎役者
ばんどう・みつごろう
歌舞伎役者

平成十二年（二〇〇〇）十二月の東京・歌舞伎座。夜の部のしんがりは切り狂言といわれるが、まさしく二十世紀最後の舞台だった。出し物は「蘭蝶」、澤村宗十郎が主役の蘭蝶とその女房の二役をやる。つまりは、おおよそ出ずっぱり。

花道から舞台のソデにかかったとき、「紀伊国屋！」の声がかかった。つられて目をやったとたん、ハッとした。むしろギョッとした。異様な姿を見たからだ。痩せていて、骨ばっている。それはいいのだが、痩せぐあいがただごとではない。頭につけた黒い頭巾が、なおのこと骨だけの顔を強調している。

薄明かりのなかで、そっと筋書を開いてみた。配役にまちがいない。カラー頁で宗十郎が抱負を語っていた。「蘭蝶」は、紀伊国屋のお家芸の一つであって、まだ訥升《とっしょう》といったころに一度やったことがある。歌舞伎座にお目見えするのは四十七年ぶりのこと。

「……家の狂言でもありますし、立ち消えになるといけないので、やらせていただくことにしました」

そこに掲げられた写真は、いい役者顔というものだ。面ながで鼻が大きく、頰のふくらみに独特の愛嬌がある。

ふたたび舞台に目をやった。まるで別人としか思えない。そこには白ぬりした老人がいた。年齢による老いでないことはあきらかだ。もしそうなら、どんなに骨と皮でも、こんな感じは受けないものだ。まるきり肩と胸がなくて腹にかかり、そこに詰め物をしたらしく、下腹だけがポッテリとふくらんでいる。

しばらくボンヤリしていた。何かを思い出そうとしているのに、それがはっきり思い出せない。蘭蝶は男芸者で、しぐさにはなやぎがある。そしてたしかに宗十郎は、廓通いの太鼓持ちを飄々と演じていた。指先一つまでピタッときまっている。ただ立ち上がって歩きだすと、風にゆれるようにフラついた。ソロリソロリと花道にかかった。

とたんに遠い昔に死んだ母親と重なった。肝硬変で大学病院に入院していた。とってもとっても腹水がたまる。日に日を追って痩せていった。五十代はじめの少し肥りぎみだった人が、みるまに骨と皮になった。それでもトイレは自分で行こうとした。見守っていると、ソロリソロリと歩いていく。肩も胸もなく、ただ腹だけが異様にふくらんでいた。いまの舞台の人とそっくりそのまま。

月が変わって翌年一月十二日、新聞が澤村宗十郎の死を伝えていた。心不全とあった。六十七歳。

「一九七六年、九代目宗十郎を襲名。本領の女形から立役にも芸域を広げ、古風な色気とコクのある芸風で親しまれた」

この世界の通といわれる人は、きっと宗十郎が肝硬変であることを知っていたのだろう。私は当時、歌舞伎新入生と称して、しげしげと通いだしたばかりだった。見るもの聞くものが珍しい。なにしろ、とっ拍子もない筋立てで、「蘭蝶」にしても、男芸者とは世をしのぶ仮の姿、実のところはレッキとした武士が紛失した主家の宝物を詮議している――。西欧流のドラマトゥルギーが仰天するようなつくりであって、ただ目を丸くしてながめていた。ときには目をつむり、唄と語りと三味線の調べにうっとりと聴きほれていた。

新入生が、またとない舞台に立ち会った。あきらかに宗十郎は目前の死を覚悟していた。私はおふくろの経験から知っているが、あの痩せぐあいでは、とっくに食事がとれなくなっていたはずだ。ただ点滴でいのちをつないでいた。それでも連日の舞台をあざやかにやってのけた。

翌一月には坂東八十助が十代目三津五郎を襲名する。その披露公演が歌舞伎座で行われることになっていた。宗十郎は、そのときにはおおかたのところ、自分がこの世にいないことを見きわめていたのではあるまいか。いちど閉じた幕をまた開けさせ、共演の八十助をかたわらにして異例の口上をした。

ペタリと中央にすわったとき、二つの膝が裾から出た。さいわい膝と腰は骨で出来ている。それは立派な男の膝であり腰だった。ふくれた腹が貫禄をつけていた。宗十郎は顎を引き、ズイズイズイと両手をひろげ、いい声で大向こうに変わらぬ御贔屓を願いあげた。そっとバトンタッチをしたわけだ。

松竹も味なことをした。世紀変わり目の大一番で、もし主役が途中休演となると、どうなったか。たまの上演であって、そう簡単に代役がきかない。たとえなんとか、つじつまは合わせても、口さがない人々に何を言われたかしれないだろう。それでも劇場をそっくり宗十郎にゆだねた。役者も役者である。遺言代わりにお家芸をのこしていくなんて、なんとあっぱれな引きぎわではないか。

それから十二年。雑誌「演劇界」九月号で、私は三津五郎さんと対談した。「歌舞伎の愉しみ」のページで、先に編集部がキャプションをつけている。

「二十一世紀の幕開きとともに十代目として襲名披露をした坂東三津五郎さん。ドイツ文学者の池内紀さんが歌舞伎にはまったのも同時期で、三津五郎さんは「見たいと思う芝居にいつも出ている」気になる俳優だったそうです。……」

おりしも福岡・博多座の六月大歌舞伎に出演中だった。待ち時間がたっぷりとのことなので、いそいそと出かけていった。人物の解釈、声の調整、新しい工夫。……興が乗ると立ち上がり、所作とセリフの実演つき。いま思えば、夢のような二時間だった。本文のおしまいに、私は「対談を終えて」と題した小文をつけた。

「時は六月、所は博多座貴賓室。話が『一谷嫩軍記《いちのたにふたばぐんき》』の源義経に及んだ時だが、突如ちいさな貴賓室に凜とした声がひびき渡った。ドラマの転換を予告するひとことであって、あきらかに型どおりの御大将ではなく、近松のいう「実《じつ》と虚《うそ》の皮膜《ひにく》の間」にあるもの。たどたどしい問いに舞台の声が明快に答えていく。

つづいて『浮世柄比翼稲妻《うきよづかひよくのいなづま》』の名古屋山三《さんざ》、『合邦辻《がっぽうがつじ》』の俊徳丸、『毛抜』の粂寺弾正《くめでらだんじょう》。なにしろこちらは丸十年前の三津五郎襲名披露から追っかけぎみなのだ。繊細な一方で、いたって骨太。独特の軽みがあって、どこかシャレている。名人上手に欠かせない条件を、生まれながらにそなえている人なのだ。そんなシロウトの予測があたって、小柄な人があっぱれ、大きな三津五郎丈になった。

おりしも井上ひさし劇の松尾芭蕉、ついで塩原多助の通し狂言、とんでもない大役が待ちかまえている。史実とフィクションがないまぜになった人物を演じる時の考え方。演じる当人に、わざわざ先立って訊くなどヤボの骨頂だが、お役目だから仕方ない。丈はちっともイヤがらず、丁寧に、具体的に話してくださる。歯切れがよくて、分析的に考える。ところが興がのるとガバと立ち上がり、花道の出のスタイルになった。役者は無意識のうちに言葉に引かれて身体が動くらしい。

演じるにあたって正解があるわけではない。日ごとに答えがちがったりもする。それこそナマの劇のおもしろさであって、それやあれやのことを一対一で特別講義をされたぐあいだ。こころなしか、芝居を見る目が一度にコエた気がした。雨の博多の旅先のつれづれ。あとで思い出すと全場が幻だったような気がするのは、強力な芸をもつ人の魔力にちがいない」

その間、気がかりがなくもなかった。対談に先立ち、「坂東三津五郎休演」の事態がはさまっている。病名は、ふつう治療が困難といわれるもの。しかし、まもなく三津五郎はこともなく舞台にもどってきた。「塩原多助」では愛馬に頰をくっつけるようにして話しかけていた。井上ひさし劇のセリフ・セリフ・セリフのひとり芝居を、サラリとやってのけた。黒の旅衣の芭蕉が舞台を往きつ戻りつするとき、その足さばきは俳聖のそれではなく、厳しい踊りで鍛えた人の闊達さだった。博多の対談では、自分からはいっさい問わないと決めていた。それよりも訊きたいこと、話してほしいことがいっぱいある。願ったとおりに進行したので、ほかのことはいっさい忘れていた。

思い出したのは、再度の休演を知ったときである。ヒヤリと冷いものが胸をかすめた。俗にいう「再発」であって、人気俳優が舞台に戻ることはなかった。平成二十七年（二〇一五）二月、死去、享年、五十九。役者世界では、まだ若く、さらに二十年は活躍できた。惜しみても惜しみてもあまりある三津五郎の死であった。

大江満雄

おおえ・みつお
詩人

「ふるさとは　山けはしくて　山おほし」
詩人大江満雄の詩「日本海流」の冒頭である。つづいては、こうだ。

日本海流の黒潮ふくところ
わが母はミクロネシヤの女酋とよばれ
情につよくおろかなるをしらず
賢人《さかしき》を怨みてをはる

形からして妙なぐあいだ。この列島は北海道、本州、四国、九州と、ゆるやかに湾曲してつらなっている。神話には「このただよえる国を修め理《つく》り固め成せ」と詔《の》りてとある。二柱の神が「天《あま》の浮橋」に立ち、ホコを下ろして引きあげたところ、したたる塩がつもって島になった。天の浮橋は海《あま》の浮橋とも読める。むしろこちらのほうがピッタリだろう。点々と海に浮かんだ危うげな浮橋。海は「太平洋」とよばれているが、これがいたって凶悪なしろものであることは、毎年、供物のようにして捧げられる水死者の数によってもあきらかだ。「日本海流」の詩人はうたっている。

眼窠《がんくわ》は岩となり
怒濤をうけてぬれ
歯をむいて
海辺の山に縁者たちとねむる。

地理学的にはモンスーンの北限にあたるらしく、風が強い。冬には「木枯し」などと風流な名をもった風が音をたてて吹きつけてくる。人々はゴットンゴットンと廻る水車は考えても、誰ひとりとして風車を作ろうとはしなかった。オランダやスペインにおなじみの、あの詩情ゆたかな風ぐるまは、せいぜいレストランの装飾にとどまるだろう。海辺のテラスでお食事などとシャレようものなら、砂まじりのスープを覚悟しなくてはならない。

　郊外のハイキングコースを歩いただけでもよくわかる。見わたすかぎり、山また山だ。地形はすさまじいばかりの起伏をくり返し、わずかにひらいた一点に人家とビルがひしめいている。季節もまた多様に変化して、四季ごとに万物が色どりと形を変える。この点、現在よりもはるかに敏感であった古人は、二十四に区分した。小寒、大寒、立春、雨水、啓蟄、春分、清明、穀雨……。「春雨降リテ百穀ヲ生化ス、依ツテ穀雨ト云フ」

　その雨にめぐまれ、地上のフローラはおそろしく多彩であり、ほとほと植物学者の手をやかせてきた。熱帯種から寒帯種まで複雑にまじり合い、旺盛に消長をくり返す。

　これが、この国の文学を養ってきた環境である。これほど視覚上の想像を放埒にさせてくれる世界もない。ドストエフスキーが暗鬱に書いたような「地下生活者の手記」は、ここでははやらない。どうしてわざわざ内面に閉塞する必要があるだろう？　ハムレットは暗い空の下の重々しい石の城に生まれた気ふさぎ屋の王子である。いろいろ理屈はいうが、しょせんは力の正義を信じ、神を征服しようとする。私たちの国では、道の辺の花にも神がいる。野の草花がつつましくつまれ、にこやかにほほえむ石ぼとけに供えられる。

削剝《さくばく》をかなしむもの

陽をあこがれて道にたほれしもの
財をもとめて他郷に死せるもの
をさなき子らもねむる

この国の風土はたえず思想から時間を消去してきた。私たちの内面に育つ文化は、外界と同じく重層された時間を知らず、そして当然のことながら、そのなかで観察され、構築されるべき観念を求めない。ゲーテは「ファウスト」に半世紀ちかくを投じた。迷いつつ求め、超能力をえるために悪魔と手を結ぶのも辞さない男。女性の愛によって救われるまでの長い遍歴譚を終わらせるため、みずからの手で封印した。

中里介山は「大菩薩峠」と題した小説に半世紀ちかくかかわりあった。迷いつつ求め、超能力をえるために女の愛も振りすてて顧みない男。そこでは一切が「勘」と「運」によって決められていく。偶然の出会いと不意の別れ。とどのつまり、作者は思いきりよく作品を放棄して、とりたてて完成にこだわらなかった。

流竄《りゅうざん》の言葉に
われらはたへがたく

いくたびか墓碑前《ぼひぜん》にたち海をながめば
とほき阿蘇火山帯見えて
渺渺《べうべう》と溶岩の流れるをかんず

この詩を含む大江満雄の詩集『日本海流』は昭和十八年（一九四三）に出た。序文のなかに、現今の大東亜戦争によって自分たちは大きな希望をもつことができる、といった意味の言葉がみえる。しかしながら大江満雄がいわゆる大東亜詩人などでなかったことは、その詩を愛する読者がよく知っている。何よりも詩集そのものが示している。連作のようにしてつづけられた「岩」は、「いく億の人のづがい骨／いく億の人の眼窠」より成り、死の波にけずられていないだろうか。

かかる塩水のなかに魚はすみ
鳥は空をかける
われはこの岩にきて
たれをののしり
なにをおらぶかこのさびしさ。

つづいては「飢え」。飢えて死せるものへの慟哭がしみわたっている。おのれの米もくらえず、水ものめず、死んだその顔を見ると、わが顔と同じではないか。「ひとりひとりの顔をみつむれば／ことごとくわが顔／おどろきて空をみあぐれば／星もみえず」

戦中に書かれた、もっともすぐれた反戦詩集だと私は思っている。しかし、これはたしかに大東亜戦争をたたえる序文とともに世にあらわれた。その前の大江満雄はプロレタリア詩人だった。最初の詩集『血の花が開くとき』はプロレタリア詩として書かれ、プロレタリア詩人会が結成されるとともに、大江満雄はその有力メンバーとなった。ついで作家同盟組織部に入り、昭和十一年(一九三六)、検挙されて三ヵ月あまり留置された。戦後の大江満雄はキリスト詩人である。『子どものためのイエス伝』の著書があり、私はみたことがないのだが、キリスト教系の新聞の投稿詩の選者をしていると聞いた。

変節したのだろうか。カメレオン型のオポチュニストのように、時代の風向きに合わせて自分の色を変えたのか？　そうではあるまい。この上なく誠実に生きた。人はどういうにせよ、私はそれを知っている。彼はゴーマンで空疎な日本語に、人一倍苦しんだ。着飾った日本語を嫌悪した。「あの人たちの日本語を杖にも柱にもするな」と題した詩の中で、「あの圧迫してはじない日本人の日本語」を糾弾している。そして自分に要請した。「わたしは　わたしにいう／しずか

に　いつわらず　じぶんを開示せよ　おまえの日本語で」。そしてみずからに要請したとおりに生きた。にもかかわらず——あるいはだからこそかもしれないが——その「詩性」の足跡をたどるとき、カメレオン型のオポチュニストそっくりのあとをとどめている。

そんなに深く勉強したわけではないが、私の知るかぎり、ヨーロッパのリアリズムは対象をえがくにあたって、対象の現実と、対象が想像させる実感とを峻別してきた。どうやら私たちの文学はそのリアリズムを欠いたまま近代化したらしいのだ。実感をかたり、視覚的想像をうたって、この上なく誠実で、的確で、美しい。しずかに、いつわらず、自分に開示された言葉、言葉、言葉。その流竄の言葉が実体として、私たちの行為をうながしてきたのではあるまいか。

丸山　薫

まるやま・かおる
詩人

山形県西村山郡西川町の岩根沢《いわねさわ》というところに一つの詩碑がある。小学校の校庭のすみにあって、うしろはガクッと落ちこむ谷である。雪深い地方なので、冬はおおかた雪に埋もれ、象のお尻のような丸い大きなかたまりになっている。晴れた日には北のかたに月山《がっさん》の尖りがポッカリと浮かんでいる。

そのかぎりでは全国にごまんとある句碑や歌碑や記念碑の一つだが、この詩碑はやや変わっている。たいていの碑は、つくられた当座はともかく、そのうち訪れる人もなくなり、急速に忘れられるものだが、この詩碑は年ごとに甦る。花がたむけられ、朗読の声と歌声につつまれる。小学校は廃校となり、校庭を野の草が埋めていくが、詩碑への小径はいつもひらかれていて散策の人がやってくる。

詩人丸山薫と岩根沢の詩碑をめぐっては、多少ともお伽噺めいている。戦争末期の昭和十九年（一九四四）、丸山薫は知人のつてで山形県西山村（当時）に疎開してきた。岩根沢の農家の二階に住み、請われるままに小学校の代用教員をした。村を離れたのは昭和二十二年（一九四七）秋である。実質この地にいたのは二年半あまりにすぎない。

それから二十年後に詩碑がつくられ、あわせて詩碑保存会が発足。雪が消え、田植えが終わった六月に碑前祭をする。詩碑に花を献じ、小学生が丸山薫の詩を朗読、お母さんたちが曲になった詩をコーラスでうたう。すでに三十年以上もつづけられてきた。ごくささやかな催しであれ、この種のもののなかで、もっとも心あたたまる祝典といえるのだ。

十数年前のことだが、詩人生誕百年にあたり、西川町の地域講座で丸山薫の人と文学をとりあげることになって講演をたのまれた。こちらはドイツ文学が専門で、詩人でも詩の研究者でもない。躊躇したが引き受けた。保存会会長は白髪のイガグリ頭で、手書きの名刺には「百姓」とあった。挨拶が短くて要を得ている。前夜に月山の宿坊でうちわの人の懇親会があった。詩碑の「言い出しっぺ」だったという品のいい老いた女性に紹介された。父や母の代理という息子や娘がいて、メンバーの半数ちかくが二代にまたがっている。

それが機縁になって、毎年六月になると岩根沢へ出かけている。百姓会長も品のいい老女も亡くなったが、二代目があとを継ぎ、三代目が手伝い方をつとめている。

そんな祝典にこたえるように、町は乏しい予算をくめんして記念館を建てた。小さな建物だが手づくりの企画展を通して、人と作品の分かちがたいことがよくわかる。白い建物は詩碑に近い小さな丘の上にあって、少しはなれて見ると、白い鳥が翼をたたんでとまっているように見える。

堀辰雄や三好達治、また立原道造などとともに詩誌「四季」派の一人とみなされているが、丸山薫には一つのはっきりとした特徴があった。自分では「物象へのあるもどかしい追求とそれへの郷愁の情緒」といった言い方をしている。ややわかりにくいのは、もともと言葉になりにくい心情とかかわっているからだ。おのずとイメージが抽象性をおび、三好達治や立原道造のように、てらいなく抒情をうたうことをしなかった。

父親が内務官僚だったせいで、幼いころ、長崎、朝鮮、松江、東京など、父の任地を転々とした。そのため「ふるさと」とよばれるものをもたなかった。「故郷への思いの育たなかつた私の胸中には、その代わりいつしかエトランゼエの思いがはぐくまれていた」

旧制中学のころ船乗りにあこがれ、東京高等商船学校（現・東京海洋大学）に入ったが、病のため中退。しかし、海への想いはやまなかったのだろう。昭和七年（一九三二）の最初の詩集は『帆・ランプ・鷗』だった。そこには夢と憧憬がひときわ色濃いのだ。夕暮れになると水夫が舳《へさき》にランプを灯す。帆がうたい、ランプがうたい、鷗がうたっている。船長はラム酒を飲んでいる。

飲みながら、しゃがれ声でうたっている。

「船長の胸も赤いラム酒の満潮になつた
その流れの底に
今宵も入墨の錨が青くゆらいでゐる」

三年後の第二詩集は『鶴の葬式』といった。その表題作の書き出し。

「夕暮れ　たうとう　陽《ひ》に瞼《まぶた》を泣き腫《は》らした雲がひとりで築山のかげにおりてきた」

風を待っているらしかったが、そのうち「曲らなくなつたその羽根」をかつぎ上げると、逃げるように裏門から出ていった。

「松の枝の垂れた坂から　姿はしばらく西の空に寒く見えてゐた
雨はまだ二三日はふりさうになかつた」

鶴の形象が雲と結びつき、擬人法や暗喩法のもとに、ある一点に凝縮されるぐあいである。イメージが象徴性をとって語りかけ、日常的な形象がみるまに消し去られていく。読者はまるでこの世とはべつの秩序をとった小世界に据えられた感じであって、そのわかりづらさのためだろう。立原道造や津村信夫など「四季」派の詩人たちのなかで、丸山薫は愛読されるよりも敬遠された。

そんなモダニスト詩人が敗戦をはさむ三年ばかり、山深いところで暮らした。海に憧れるあまり『点鐘鳴るところ』と題する航海詩集まで出した人が、一転して深山暮らしをした。新しい体験がよほど印象深かったのだろう。『北国』、『仙境』といった鮮新な詩集が生まれた。まさしく山暮らしの只中で編まれたことは、昭和二十二年（一九四七）六月の日付のある詩集のあとがきに見てとれる。

「「仙境」とは、私の住む現実――正確に言へば山形県西村山郡西山村岩根沢の、月山につづく山腹と谿間に散らばる一帯の山人の世界――そこから立ち昇る雲烟である。私のからだはこゝに住み、こゝろはけむりの中に住んでゐた」

冬は三メートルもの雪で覆われ、「糊でつぎ貼りしたやうな人間」には、とても暮らせない荒々しい自然とも述べている。

山一つ向こうの小さな集落は鶴部《つるべ》といって、小学校の分教場が置かれていた。若いころ鶴をうたった詩人には、「鶴の語り部」をあらわすような土地の名に往き合って、偶然ではない気がしたのではあるまいか。

鶴部――といふ
その美しい名の聚落《むら》は
この山腹の部落から尾根ひとつ越えた
いつさう高い山ふところに在る

代用教員は分教場に出向くこともあったのだろう。吹雪の吹きこむ一つきりの教室には九つの机が「かじかんだやうに」寄りそっていて、かたわらに飾り彫りのあるオルガンがあった。

訪ふ者あつて　戯れに鍵盤を押せば
オルガンは夢みるやうに緩《ゆるや》かに鳴る
永く寂漠に堪へてゐた人間《ひと》の歌のやうに
声ふるはせて緩かに鳴る

象徴性をおびた「郷愁の情緒」があざやかにとらえられ、硬質の表現を通して沁《し》みるように伝わってくる。

平成二十一年（二〇〇九）は丸山薫生誕百十年、没後三十五年にあたり、それを記念して旧来の五巻本全集に新しく六巻目補遺篇が加わった。これまで未収録だった詩、エッセイ、書簡など五百八十点を加えて千ページをこえる。それでわかるのだが、丸山薫はひところ、しきりに小説を書いていた。三十代のとき、小説集『蝙蝠館《こうもりかん》』を刊行したが、反響のなさから小説の筆は折ったとされていた。だが補遺篇の「小説・物語・小品」の収録に見るとおり、その後も間断しつつ書きつづけた。

「泥棒といふものに私は興味を持ち始めた。理由はそれが一種のシルエットのやうな存在だつたからである」

中篇小説にあたる「どろぼうの眼」が、この詩人の関心のありかを告げている。人が泥棒という「曲者《くせもの》」になる。存在の影絵というべきものを物語として定着させることはできないか。詩集の一つを『物象詩集』と名づけ、また詩誌の詩人たちよりも作家稲垣足穂としたしんだ理由が、補遺を通してはじめてわかったような気がした。物語のめざした「存在のシルエット」は中途で放棄されたが、のちに山里の厳しい暮らしのなかから、深い陰影をおびてつむぎ出されたぐあいなのだ。

国道112号は山形市中から北へのぼり、寒河江《さがえ》市を抜けると川沿いに西にすすむ。現在は定規をあてたような直線だが、地図をよく見ると、すぐわきに旧道がのびていて「六十里越街道《ろくじゅうりごえかいどう》」としるされている。「六十里越」という言い方は各地にあって、実際の里程ではなく、長い難路を指して言ったのだろう。西川町岩根沢は旧道から月山詣の脇道に入り、うねうねと山腹を縫っていく。月山道にかかる手前の出羽三山《さんざん》神社には、いまも右京坊、文性坊、正伝坊、長甚坊といった宿坊が控えていて、昔ながらのたたずまいをよくのこしている。集落はこの宿坊を中心にしてひろがっている。

講演をたのまれ、初めて西川町を訪れたころ、町には小学校が八校あった。十年ばかりで五校にへり、やがて「統合小学校」の一校のみになった。

「山村再生ビジョン検討委員会」

「六十里越街道保存推進委員会」

「地域づくり推進委員会」

中山間過疎地をかかえる宿命だが、保健と医療と福祉とが、町行政にとって過大なまでの課題になっている。年に一度訪れるだけの人間にも、地域の人々の努力が痛いほどよくわかるのだ。

前夜の懇親会に先だって、いつも三山神社にお参りをする。月山の別当寺の一つで、もともとは日月寺《にちがつじ》といった。現代の建物は天保十二年（一八四一）の再建というが、山裾の高台にあって軒高二十五メートル、東西七十一メートル、屋根坪数三反六畝（三五七〇平方メートル）、木づくりの巨大な鳥が翼をひろげたようだ。

随身門に大きな古面が二つ掲げてある。目をいからせた天狗面で、たしかに異相だが、つくりが大らかで、ほれぼれするようないい顔である。一見のところは怒り顔だが、じっとながめていると表情が微妙に変化して、笑いをこらえているようにも見える。本殿右はしの調理場兼食堂には白いシデが下がり、柱に明治元年の年号入りの木札が打ちつけてあった。「当山安全万民快楽」

を祈ったもので、添えていわく、「風雨順時百穀成就」。国がひっくり返るような大変動期に、自然のやすらぎと百穀の実りを祈願した。

「やあ、お久しぶり」

うちわの懇親会のメンバーはおさだまりで、みんなが同じテンポで古びていく。最長老のかたわらに幼な顔ののこる三代目がかしこまっていて、名刺には舞翔と平成の名がついていた。前日まで雨つづきでも、碑前祭の日はなぜか晴天に恵まれる。岩根沢の人はそれを「かおるびより」とよんでいる。

菅原克己

すがわら・かつみ
詩人

詩人菅原克己は生前、八冊の詩集を刊行した。死後、未刊行詩篇とともに厚手の一冊に収められた。それぞれの扉にあたる頁に小さなカットがついている。最初の詩集『手』には、小さなロバ。二冊目の『日の底』から七冊目の『日々の言づけ』までは、それぞれ描き方はちがっているが、痩せ馬にまたがっている痩せた男だ。最後の詩集『一つの机』は、丸い帽子に厚い外套を着て、ひとり佇んでいる人。

菅原克己は二十代のはじめ日本美術学校図案科で学んだ。いまでいうデザイン科である。その後、宣伝やポスター制作を仕事にした。カットや装丁で生活を支えた。自分の詩集には、むろん自分でカットをつけた。

痩せた男と痩せ馬は、ドン・キホーテと愛馬ロシナンテにちがいない。そういえば「ドン・キホーテ」と題した詩を書いている。

ラ・マンチャの男は
たえず部下をはげまし、
部下はたえず身の不運をなげき、
痩せた馬は
ただ、ぽくぽく歩く。

友人からもらったブロンズのドン・キホーテ像だそうだ。しげしげながめていると、かみさんが「あんたそっくり」と言った。見ていると、つい泣けてくるという。だが、当人には逆なのだ。「わが家のサンチョ」を思うと、自分こそ泣けてくる。

泣くな、嘆くな、
サンチョよ。
ラ・マンチャの憂い顔の騎士は
胸をはって、いま

わが家の食器棚の上に立つ。

全二十三行。菅原克己の人となり、また生涯を要約したかのようだ。昭和初年から半世紀あまり、時代の風車に身一つで立ち向かうような生き方だった。容赦なくはねとばされたが、へこたれなかった。その際、自分の骨折や青アザやスリ傷よりも、かたわらにいるサンチョのことが気になった。ぽくぽく歩く痩せ馬に胸が痛んだ。

昭和十九年（一九四四）の日付のある未刊の詩は「自分の仕事」をうたっている。

「どんな暗い夜がこようとも／暗闇のなかで目ざめていると／静かにわたしの仕事が話しかける」

日本共産党という組織のなかにいたときも、それにしばられなかった。おっぽり出されたが崩れたりしなかった。半歩進んで二歩退却するような日常のなかで経験を大切にした。何ものにも代えがたい一瞬を忘れない。「美しいものは人目につかず、／すべてまずしく小さい」からだ。

これを書いたのは昭和十九年だが、活字になったのは三十一年後の詩集である。そもそも菅原克己の最初の詩集は四十歳のときに、はじめて世に出た。組織のなかで、いやというほど知ったからではあるまいか。言葉をもつ人間のあつかましさ、傲慢さ、偽善ぶり、言葉たくみに、いつも陽の当たるところにいたがる性癖。だからこそ自分の言葉にきびしかった。

いつもこの上なくやさしい言いまわし。難解な術語や用語は一度たりとも使わなかった。地上にあふれるよりも、大地に落ちて、地下にしみ、目に見えないところで、いのちの根を養うことを念じたからだ。

自分を詩人と思うことすら恥じたようだ。だから「むかし、一人の詩人がいた」と、他人に託して自分を語った。その詩は野暮ったいが、決して後悔はしないというのだ。年をとっても詩を書くことはやめなかった。「いまはいない人の言葉」が、「すずしい風」のように通っていったという。

まさにそんな風のような、すっきりとした装丁の美しい本だった。五百頁をこえるのに、どうしてこれだけの値段でできたのか不審に思っていたが、挿みこみの栞に小沢信男さんが、焼け跡から出てきた郵便貯金通帳のことを書いている。サンチョはドン・キホーテを案じて、小さなお金を積み立てていた。いま「胸をはって」、毅然と二人は旅している。

高峰秀子

たかみね・ひでこ
映画俳優・エッセイスト

ちいさな記録である。七ヵ月のうち六ヵ月はパリにいたのでパリ滞在記。本文百三十ページあまりだが、写真をまとめて入れたので、やっと百ページをこえた。それでも薄すぎるので徳川夢声との対談を追加した。写真はまるきり本文にそぐわない。

題して高峰秀子の『巴里ひとりある記』。昭和二十八年（一九五三）二月、映画世界社刊。実際にパリにいたのは、その二年前である。滞在中に書きとめたものがあると聞きつけて出版の申し出があった。だが一冊にするには書いたものが少なすぎるので、あれこれやりとりがあって時間をくったのではあるまいか。初版は段ボールの函入りで、装幀・挿画＝高峰秀子。出版者の狙いがすけて見える。当代きっての人気女優と華の都パリ、文に加えて当人の画がどっさり。売れないはずはないのである。

ちいさな、風変わりな本である。出版者の思惑とはかかわりのない、まるきりちがった世界が見える。のぞき眼鏡でのぞいたように、ちいさな、懐かしい、勇気ある若い女が目の前に浮き出てくる。

出発は昭和二十六年（一九五一）六月。羽田からまずオキナワに飛んだ。それからホンコン、バンコク、カルカッタ。カラチでパスポートと注射証明書の検査。ついでベイルートからブラッセル。まる二日がかりの空の旅だった。当時、ひと月ちかくかかる船便ではなく空路でパリをめざす場合、こんなルートしかなかった。ブラッセルでサビナという「小さいヒコーキ」にのりかえてブールジェ空港着、バスでパリへ向かった。

「バスはパリに入る。凱旋門がみえ、エッフェル塔がみえ、ああパリに私はいるのだとつくづく思う」

カラチで検査を受けたとき、本名平山秀子のパスポートの国籍欄は Japan ではなかったはずである。Occupied Japan であって、アメリカ軍を主体とする連合国司令部（GHQ）管理下にあった。敗戦国日本が独立したのは、同じ昭和二十六年でも九月のサンフランシスコにおける対日講和条約調印によってである。その前月の八月のことだが、「8＝17　講和より先に旅券制度の自主権が認められ、日本人として海外渡航が許可される。新制度は三十日サンフランシスコへ講和のため出発する吉田首席全権の旅券から適用」（『昭和史全記録』、毎日新聞社）。

この旅券に戦後はじめて菊の紋章が使われた。

高峰秀子が飛び立ったのは、二ヵ月あまり先であって、新制度にあずからず、オキュパイド・ジャパンの旅券には菊の紋章ではなく、GHQ許可のスタンプがベタリと捺されていた。情報通からきっと、もう少し待てば、うんと海外へも出やすくなると聞かされていただろうが、一顧だにしなかった。撮影のスケジュールを強引にやりくりして、やっとひねり出した半年あまりであり、もう少し待ったりしたら、計画そのものが水の泡になるのは目に見えている。それに彼女はとりたてて国家の庇護など受けたいとは思わなかった。

『巴里ひとりある記』は一人のつましい、聰明な女の物語である。ある人のつてで、パリの大学町の五階建ての最上階に住みついた。着たきり雀できたので、翌日、知り合いに伴われて、服、靴、帽子の買い物に行く。

「私のえらんだのはなにもかざりのない簡単なキヌの服」。カットがすばらしく、「デッチリの私の体の形」でもとてもスマートに見える。帽子屋では「ハト」という名の帽子を買った。

「かぶると、ダンゴに目鼻の私でも、一瞬にして、オトギの主人公みたいにかわいくみえる」

高峰秀子のフィルモグラフィでは、一九五一年のこの年、『我が家は樂し』『カルメン故郷に帰る』が封切られている。前者は松竹お得意のホームドラマ。後者は日本初の「総天然色映画」。

人気監督木下惠介を起用して松竹が一大投資をしたもので、ストリッパーに扮した主演女優には、大いに宣伝役をやってもらいたい。パリでお買い物をされていては困るのだ。

「朝から雨。窓ぎわに座り込んで長い間戸外を眺めている。電話もかかってこない。訪問客もない。全く自分を自分に返して貰ったという気がする」

はじめ滞在記は日記のスタイルをとっていて、一日きざみになっている。買物、在外事務所訪問、家主ご招待のオペラ、デザイナー中原淳一、シャンソン歌手高英男訪問、ユネスコ総会でやってきた財界名士藤山愛一郎らに誘われて郊外散策のあと高級ナイトクラブで食事。

浮き世の義理はこれで果たし終えた気がしたのか、一日きざみは一週間で打ち切られ、あとは日付をもたない。日付のない時をねがってやってきた。「自分を自分に返し」た日常に、どうして日付がいるだろう？

「チャーチル会」といって、絵の好きな東京の名士たちが同好会をつくっていた。エリート日曜画家たちである。「パリのチャーチル会」の章に、藤山愛一郎と作家の石川達三がフォンテンヌブローへ出かけ、いそいそとスケッチを始める姿がえがかれている。

「私はたどたどしく写真機をとり出す」

高峰秀子は絵が上手なことで知られており、チャーチル会の秘蔵っ子だった。あるとき会のスケッチ旅行に加わったところ、黒山の人にたかられ、ほかの会員に迷惑をかけた。「その時のイヤな気持ち」が身にこたえ、それからというもの「画をかく気持ち」がとだえてしまった。字義どおりではあるまい。『巴里ひとりある記』にはシャレたカットがいくつもついている。人前で画を描くのをやめただけで、ひとりのときは別だった。そもそも人前で画をかくのは、とても恥ずかしいことなのだ。「パリのチャーチル会」と章名は立ててあるが、実質は一ページだけ。

おりしも世に知られたパリ祭。

「戦争の前はいざ知らず、おお花の都、憧れのパリなんて夢に描くパリ祭の賑やかさは、戦後の今日、それこそ夢の中のお話みたい」

それよりもパリの田舎のことを、力をこめて語っている。たいていの人がパリ市中から食べ物を自転車につんでやってくる。森へつけば半裸になって日光浴、おしゃべり、お弁当。

「苦しい生活の中に、少ないお金でこんなに楽しみ方を知っている人たち。楽しみ方というものを、つくづく考えさせられました」

パリ祭が終わるとフランスはヴァカンスの季節であって、パリ人はこぞって休暇に出かける。それも二ヵ月もの長い休みで、冬中かかってためたお金をきれいに使ってしまう。

知人にモンブラン旅行を誘われて田舎で数日過ごした。夏の報告はそれでおしまい。パリ滞在そのものが二十七歳、平山秀子の人生の大いなるヴァカンスだった。わざわざヴァカンスに出かけるまでもないのである。

女優高峰秀子は五歳のときに子役でデビューして、一九五一年にはすでに実働二十二年をかぞえていた。好むと好まざるとにかかわらずどっさり人と会い、血縁なり何なりを言い立ててせびりにくる大人たちを、あの大きな瞳でじっと見ていた。映画スターがかげろうのような幻であることを骨身にしみて承知していた。たえず第一線を守りながら、口当りのいいはやし言葉にも、時代のしり馬にも乗らなかった。

ふつう人は幼年期から少年・少女期を経て思春期を過ごし、それから大人へと脱皮していくものだが、高峰秀子は幼年から一足とびに大人になった。おりにつけ「人を見たら敵《かたき》と思え」「あれは怪しの者」といった言い廻しを口にしたというが、この幼児オトナはたえず身近に小ズルいモノ欲しげな大人たちをいっぱい見ていた。そのなかでみずから選びとった「女優」という戦術でやりすごしてきた。日本を発つときもそうだった。

「そこでまず、商売用の写真になやまされる」

そっぽを向いてみたが、まてまてと考え直した。ここはまだ日本であって、自分は「女優（デコちゃん）」、形どおり花束をもってニッコリした。だから「羽田空港出発」のキャプションつきで、花束をもち、絵にかいたような笑顔の写真が収まっている。機内に消えたとき、どんな顔にもどったか誰も知らない。

「オペラ座の裏」「エッフェル塔の下」「ルーヴル美術館『モナ・リザ』の前で」「サントノレの美しい香水やの前で」……。

挿入された写真は日本人が撮ったのだろう。カメラを向けられれば直ちに「女優」がポーズをとった。日本人が日本人を撮るとき、所がパリでも「ここはまだ日本」であり、自分は愛称デコチャンの女優なのだ。カメラ向けのポーズなら、二十有余年のキャリアを積んでいる。ページ数を増すのに加えて出版者の意向だっただろうが、およそ中身に不似合いな写真群が加わった。新装版のカバー写真は、ややちがう。ひとり街路にいたときに、誰かが盗み撮りをしたようにもとれる。被写体はややきつい目で、にらむような表情。写真説明にはただ「個人蔵」とだけある。

「嵐のような夕立ちが来たと思ったら、一夜のうちにパリは秋になってしまいました。風が吹くとマロニエの葉がハラリと落ちて、かさこそ街路を転って行きます」

だからといってべつだん、おセンチにもならず、秋のシーズンを待ちかねたようにコメディ・フランセーズへ出かけた。言葉などわからなくてもプロの目でよくわかる。無駄のない演技、衣裳の美しさ、一つきりの背景を工夫だけで目まぐるしく変化させるワザ。

「永い伝統と格式の中に生命をつないでいるコメディ・フランセーズの人たちの凜とした足取りをみる時、日本の映画界の動態に心寒い思いを衝かれると同時に、ふつふつと胸の中に波立つものを覚えました」

日本のことがふと顔を出したが、ほんの一瞬のこと。

ルネ・クレールの古い映画を見てきて、「テクニックの割りきれの良さ」にあらためて目をみはった。科白《セリフ》の少なさ、音楽のよさ、全体に流れる諷刺と哀愁。二十七歳の女は見るべきものをきちんと見て、それを分析的に語ることができた。

フランスの舞台の名優ルイ・ジュヴェ（一八八七―一九五一）は、映画ではワキ役だった。『女だけの都』『舞踏会の手帖』『北ホテル』……。ひとクセもふたクセもある役柄で、広い額、尖った頬骨、ギョロリと大きな目で相手を見すえる。その姿があらわれるだけで映画の重みがグンとました。存在感あふれる役者だった。

「七月十六日の夜のことでした」

わざわざ時間を巻きもどして述べたのは、印象深い瞬間だったからだろう。シャンゼリゼエのレストランで、ルイ・ジュヴェと隣合わせになった。四、五人の中年の人たちと楽しげに話していた。それからまもなくジュヴェの死をきいた。たった一度のちょっとした出会いだが、なにかしら運命的な気がしたのだろう。

「私は私なりに彼の死を心の中でソッといたんでいました」

『巴里ひとりある記』という技巧的なタイトルは出版者が考えたものだろう。本当は扉にフランス文学者の――そして下宿の世話をしてもらった――渡辺一夫に、フランス語で書いてもらったような標題にしたかったのではあるまいか。

セーヌのほとりに
あたしはひとり

「わたし」だと演技しているようだが、使いなれた「あたし」がピッタリ。言葉としては一言半句も語られていないが、ここには隠れ住むよそ者の眼差しが、いたるところに感じられる。たしかに住人の一人だが、およそ存在感に乏しく、挨拶をかわす家主にすら、ほとんど気にとめてもらえない。まさしくそれを願ってやってきた平山秀子に打ってつけの街なのだ。自分に対してもパリに対しても、いかなる幻想も抱いていなかった。文学者や画家のように陶酔の目でパリに歩み入ったりしなかった。ことあるごとにフランスと日本を比較して、独善的劣等感や優越感を口にしたりもしなかった。たいてい五階の窓から大都市の建物の中の小部屋や、えんえんとつづく車の列や、数知れぬ星空の下の小さな一つの灯をながめていた。広大なパノラマに投じられた一点のフォーカス（黒点）の思い。そこにポツリと人がいる。彼そして彼女は、しがないおやじだったり、さみしい主婦だったり。孤独な少年だったり、おてんばの少女だったり。誰であれ、またどこにいても人間は本来、自由なのだ。少なくとも自由を願っていいのである。たとえ何十年と一つ屋根の下にいても、またこよなく愛し合っていても。しかし、めいめいがかぎりなく孤立した存在であることにかわりはない。だからこそ、つつしみと、知恵と、やさしさが必要なのだ。ついては撮影仲間からの便りを開いて思ったこと。

「頑張るといえば、よく一人の俳優がネツエンのあまり映画からとび出しているのをよくみるが、いくら上手くてもそれではその俳優が上手いということにはならないと思う。その映画の中に、いかにおさまるかということが、俳優としての常識ではないだろうか」

『この広い空のどこかに』『喜びも悲しみも幾歳月』『張込み』『恍惚の人』『衝動殺人　息子よ』。あの名演技を生み出した「常識」のような気がする。これほどうぬぼれとも自己満足とも縁遠かった人は珍しい。

「今日出発の今になっても、一寸もパリを去るという気がしない。そういえば、ここへ着いた時も、外国へ来たんだゾという気持ちがしなさすぎて間が抜けた位だった。

これがパリのいいところなのだろう」

このあと、ほぼ四半世紀を退くことのできない緊張を強いられる場で、おそろしくまっとうに生き、あざやかに身を消した。アッパレな女がいたものである。

野呂邦暢

のろ・くにのぶ
作家

昭和五十五年（一九八〇）五月、新聞の死亡欄に小さく出た。「野呂邦暢（四二）、心筋梗塞のため、長崎県諫早市の自宅で死去」。本名は納所邦暢であって、昭和四十九年（一九七四）、自衛隊に入隊したときの体験を小説化した「草のつるぎ」で第七十回芥川賞を受賞したことが、二行ばかりで添えてあった。私はなにやらルール違反に出くわしたぐあいで不当でならず、しばらく新聞を握ったまま死亡記事を見つめていた。

そのあと文芸誌に遺稿として短篇が掲載された。たしか「足音」というタイトルで、心臓に欠陥のある若い女が主人公だった。あと一年も生きられるかどうかわからない。彼女には妻子ある中年の男がいた。あるときちょっとしたいさかいをした際、男が口走った。キミさえいなければ、ぼくはなにごともなく平和に暮らしていたろうに──。そんな立場の男がポロッと口にしそうなセリフである。口にするか、しないかはともかく、中年ともなると誰もが似たような体験をもち、似たような思いをいだいている。野呂邦暢は、まさにそのように小説を書く人だった。読者はわれ知らず自分のことのようにして読んでいる。それにしても、いったいどこで彼は、こちらの内面をのぞきこんだのだろう？

時はやい遺作だけにかぎらない。野呂邦暢はたえず死の足音を聴いていた。息を殺して聴き入っていた。それは足早に近づいてくる。コツコツと骨を叩くような音をひびかせる。そしてやおら走り寄り、邪険にその才能を連れ去った。

昭和十二年（一九三七）、長崎市の生まれ。昭和二十年二月、叔父の住む諫早市に移る。八月九日、長崎に原爆投下。生家は爆心地から八百メートルほどの距離で、通っていた国民学校の同級生は、ほとんど全員が爆死した。

昭和三十一年（一九五六）、諫早高校卒業。父親の事業失敗により大学を断念。上京して店員、ボーイ、出前持ちなどを転々としたのち、翌年、帰郷して自衛隊に入隊。二十《はたち》だった。教育隊をへて北海道千歳に配属。まる一年で除隊。

昭和三十七年（一九六二）、日本読書新聞創刊二十周年記念〈読者の論文〉に「ルポ・兵士の報酬」を応募。入選して、初めて書いたものが活字になった。

昭和三十九年（一九六四）、二十七歳。小説を書き始める。翌年、「或る男の故郷」が「文學界」

新人賞佳作入選。昭和四十二年、「壁の絵」「白桃」、ついで昭和四十八年、「海辺の広い庭」「鳥たちの河口」がいずれも芥川賞候補になった。翌四十九年、「草のつるぎ」で受賞。新聞の死亡記事は、ここまでを二行ばかりに縮めていたわけである。その短かさはこころなしか、地方在住のマイナー作家の死を告げるニュアンスをおびていた。

ためしに地図をひらいて長崎県諫早市をさがすとしよう。なんとも奇妙な、あるいは異様な地形のただ中にある。鰐のくちばしのように尖った長崎半島と、いびつに丸まっこい島原半島とが左右からくっつき、その首の上の頭のように多良岳の山塊があった。三方に有明海、大村湾、橘（千々石《ちぢわ》）湾が控えている。どことなくレントゲン写真に見る人間の内臓とそっくりだ。野呂邦暢が住んでいたところである。はなやかな脚光をあびても東京へ出ようとはせず、「地方在住のマイナー作家」というイメージでとらえられ、それに自分ではさしてこだわらず、着実に作品を発表しつづけた。短篇、長篇、歴史小説三部作。そしておりおりの随筆。上京しても、すぐにまたもどってくる。

「肥前鹿島を過ぎれば以後諫早に至るまで列車は有明海に沿い、ひた走りに走る。海は窓外に迫り、石を投げれば届くほどのまぢかにあって消えることがない。満ちているにせよ干いているにせよ海はいつも同じ顔である」

多良岳を水源とする本明川が諫早の町を東へ貫流して有明海に注いでいる。潮が引くと河口に広大な干潟がひろがる。鳥にはおあつらえ向きの場所であって、大陸から飛んでくる渡り鳥が羽根を休める。冬はシギ、夏はカモ。前にひろがるのは「灰と銀色を主調に濃淡の茶褐色が入りまじって縞模様を織りなした軟らかい泥」ばかり。動くものといえば、ムツゴロウという泥が大好きな愛嬌者だけ。

野呂邦暢がたえず立ちもどり、ながめていた風景である。

ながめていただけではない。それは「或る男の故郷」となり、「海辺の広い庭」となり、「鳥たちの河口」として、一人の作家を生み出した。もっとも早いころ、自分に向けた宣言のようにして随筆のしめくくりに述べている。

「生活が無ければ作品は無い」

川がつきる河口にたたずみ、「神話の母胎を思わせる干潟の灰色」と「銀色の曇り空を映している水平線」をながめながら、彼はくり返し自分に言いきかせた。「わたしはこの波打際に立ち、ここから出発する。そうでなければどこに足がかりを得られようか」

諫早は詩人伊東静雄の故里である。半生を大阪で過ごしたのち、戦後すぐのころ、詩人はしきりに帰郷の思いを訴えていた。故郷に帰って、念願の小説を書きたいという。そんな同郷人をたしなめるように野呂邦暢は書いている。「結果からいえば、伊東静雄は諫早に移住しない方が良かった。帰ったところで小説など書けはしなかったであろうから」

もしほんとうに帰郷していたら、半月もせぬうちに後悔したにちがいない。地方都市の閉鎖性と保守性、地縁血縁のつよさ、文化への無関心――。では自分はそのなかで、どうして小説を書くのか。「何か心の奥深い所にひそむ力」に動かされてであって、ものを書くというのは「すべて過去の復元」だと、野呂邦暢は述べている。土地に根をおろして、その「土地の精霊のごときものと合体し、その加護によって産みだされるもの」。そしてあわただしく時代の衣裳がいれかわる東京から遠くはなれて、干潟のある河口の町に住みつづけた。

ながらく住み、よく知った町であっても、彼は孤独な遊牧民であって、歩きながらながめ、立ちどまって耳を澄ませる。足でさぐるようにして自分の道筋をつくっていく。そんなとき、ふと記憶が甦る。東京にいたときに遭遇した新宿駅騒乱事件。高校のときのU先生。わざわざ足を運んで訪れた伊東静雄の生活圏。またあるいは自衛隊の訓練中に嗅いだ草いきれと頭上からジリジリ照りつけてきた夏の太陽……。

孤独な遊牧民の視野にうつる陰影。風にのって漂ってくるかすかな海の匂い。気がつくと半日ちかくが過ぎている。知らない誰かが足元から時間を抜き取ったぐあいなのだ。土着民は体験をためこんで法律をつくるが、遊牧民は一瞬ごとに経験を消していく。この自分が、つまりは自分の影にすぎないことをよく知っている。

「……いつも町には三つの海から、微かな潮の匂いを含んだ風が流れこんで来る。外洋の水に洗われる千々石湾の風、その底質土に泥を含まない清浄な大村湾の風、干潟をわたって吹く有明海の風」

遊牧民はなにげない景物のなかに、ひそかな事件を見つけ出す。それというのも、たえず自分が自分の意識からも疎外されていることを意識しないではいないのだ。最初に活字になった応募原稿「兵士の報酬」にはくり返し「不安と自由への恐れ」が出てくる。野呂邦暢がかたときもはなさずわが身に突きつけていた二つの刃《やいば》というものだ。だからこそ二十代の後半に小説を書き始めたとき、デビュー作ですでに成熟した書き手として登場した。不安が想像に訴え、日常に働きかけて人の物語をつくっていく。そこに匂いと響きにいろどられた、微妙でとらえがたい心象風景を封じこめる。孤独な遊牧民にしてはじめて実現した遠近法というものだろう。直接的な抒情に対する恥じらいを含んだへだたり。ようやくそこに自由が確保される。意味の自由、抒情への自由。それあってはじめて新鮮な価値判断が生じてくる。

この作家はものものしい抒情や、これみよがしなパトスを嫌った。何であれ、はっきり知的にとらえること。

「書きたいことはある。漠としたかたちではあるが存在する。私は肉体のほのかな熱さを自覚するのと同じ確かさでそれを予感している。問題はそれから先のことだ」

タイトル、主題、書き出し。手ははやくも書きたがるが、同時にそれを押しとどめるものがある。書くとはこの「二つの意思」のバランスのせめぎあい。

注文されると、野呂邦暢はリチギに随筆を書いた。生活のためと同時にもう一つの役割をこめてのことにちがいない。自作を推敲して、生みの過程をたどり直す。ふつう創作する者と解釈する者とは正反対の位置にいる。創造はたえず動いていて、一瞬ごとの動きと工夫でできている。いわば永遠の遊牧民のワザである。これに対して解釈する者はじっと見て、さらによく見て、固定し、整理したがる。これは土着民の習性である。広大な干潟の三角は彼にとって、ちょうど女性が下半身にひめている三角のように生むための母胎だった。これをめぐってくり返し語ったが、だからといって作品が解明され、言いつくされたりしただろうか。およそ珍しいケースだが、作者自身が解釈する役割をつとめたぶんだけ、小説の謎が深まった気がしないでもないのである。

処女作の「兵士の報酬」が、その間の秘密をよく示している。ルポであって、同時にすぐれた物語だ。視覚的に鮮明で、具体的で、スピードがある。若々しい思いを伝える表現はかぎりなく切りつめられ、抑制の節度で一貫している。これほどわずかな言葉で、これほど深い内面を確保したエッセイはめったにあるものではない。しかもそれは二十半ばになるかならずの青年によって書かれた。

私には野呂邦暢は三歳年長にすぎない。だからしたしい同時代人として読んだ。自分に代わって自分の何かを語ってくれる人、大切な何かを共有して、実践で示してくれた人。作家として以上に一つの人格として記憶に刻まれている。

「二十年の春に私は長崎から諫早へ疎開した」

「春」に大きな意味がある。夏ではなかった。つづく夏に起きたことは、日本人なら誰もがよく知っている。

「八月九日、疎開地の諫早で私は長崎の方角にまばゆい光がひらめくのを見た。やがて空が暗くなり血を流したような夕焼けがひろがった」

夜になっても長崎の空は明るかった。諫早の干潟とともに、野呂邦暢がくり返し立ちもどった夜である。長崎で過ごしたのは七年だが、しかし、少年の一日は大人の千日にもひとしいのだ。彼は少年時代の入口で生まれ故郷を失い、それと知らずに「終末的世界」とでもいうべき破局を目撃した。

「わたしが生きながらえているのは単純な偶然にすぎない。わたしが生まれた浦上という町は地上から永久に消え失せた。幼な馴染たちも皆死んだ。わたしは残った。長崎という土地にわたしがつながっているのはそういう事実である」

人は気づかないかもしれないが、野呂邦暢の文学は戦争の文学であって、戦場と焼跡と死の荒廃から新しい生を証明するために書かれ、甦りの花として同時代人に提出された。もっとも感受性の鋭いときに戦争を知り、自分がたまたま死をまぬがれたことを、たえず考えながら成長した。一度は死んだ世代であって、だからこそ新しい生命を発見しなくてはならず、生まれたての赤ん坊のように世界を見つめなくてはならない。そして文学は、まさに新しい生を証明するものでなくてはならない。いまにしてわかるのだが、作家として以上に一つの人格として記憶に刻まれていたのは、彼がまた半ばは自分であったからだ。

野呂邦暢には本の好きな叔父がいた。貧しい家に生まれ、そのため早くから堅い勤めについたが、散歩に出ると、きっと古本屋に寄っていく。彼にはまた読書好きの高校の友人がいた。井伏鱒二を読んで感激したあまり家にいられず、冬の晩に訪ねてきた。その人たちを語るとき、抒情をつつしもうとして、つい抒情的になる。野呂邦暢の文学は、その人たちと多少とも古風な「志」で結ばれている。孤独の思いのみなぎったような随筆が孤独でないのは、目に見えない仲間とのつながりのせいである。同じく偶然に死をまぬがれ、生きのびた人たちのためにも新しい生を証明する花を咲かせなくてはならない。だからこそ世の流行に目もくれず、分岐点に一つ一つ石を積むようにして書いていった。そのまなざしは、やさしくて厳しい。見る人と見られる人、二つのまなざしが一つになる瞬間があるだろう。死に及ぶときのまなざしである。四十歳のとき、戯文に託してはやばやと彼は「私の遺書」を書いた。「明澄な意識と判断」のもとに、スクラップブックや二匹の三毛ネコや、締め切りをのばす口実つきのメモ帖の贈呈先を考えていたとき、半分は戯れだが、半分は本気だった。この人に独特の生まじめさをまじえて語られている。

死は創る人の母胎にも及んでいた。長崎県諫早市の地図をあらためて見直すとしよう。有明海側の海岸がモッコリと盛り上がり、地図には不似合いな役所用語がついている。「諫早干拓事業計画地」。さらに沖合いには定規をあてたような太い直線がひかれていて、そこには「諫早湾潮受け堤防」とあるだろう。

「地図で見ると、有明海は立ち上がったライオンのかたちに似ている」

諫早湾は、そのライオンがつき出した前足といったところだが、その足がつぶされ、切り取られた。「二年もたたずして今、目にする海は消滅することになっている」

野呂邦暢がこれを書いたのは、昭和四十八年（一九七三）であって、「海辺の広い庭」「鳥たちの河口」を書いたのと同じ年である。愛する海の消滅を予測し、そこで自分の使命のようにして河口と干潟を書いたかのようだ。そののちもシエラザードの物語のように、泥と鳥とムツゴロウの夢の庭を語りつづけた。

「有明海の干潟は一朝一夕で出来たものではない。つぶして失敗したからといって簡単に元の姿に返るものではない。干潟は永久に死ぬのである」

反対の声をおしつぶして、着々と干拓工事がすすめられた。もはやいのちの三角ではなく、ノッペラボウの埋め立て地であって、孤独な遊牧民の仲間だった魚、貝、ムツゴロウが手もなく死滅していった。

「すべて田舎的なものはそれ自体抗し難く強力である」

補償という名の札束が乱れとんで殺戮完了。だからつぎには殺戮者を名指しした。

「海を荒廃させたのは県である。海を殺したのは県である。何を証拠にと問われるならば県がこの海の生産力を高め、維持するのに、戦後三十年間いくら金をつかったかを調べればいい」

当時、田中角栄著『日本列島改造論』がもてはやされ、有明海にかぎらず、日本全国が似たような状況だった。日本人のおおかたが忘れたか、あるいは忘れたふりをしているかもしれないが「ダンカイの世代」などといわれた産業戦士がアタッシュケースを下げ、札束の干潟をムツゴロウのようにとびまわっていた。

不慣れなことながら責任感から引き受けたと思うが、「諫早の自然を守る会」の代表野呂邦暢はそっけなく書いている。

「不況の今、都会から故郷へ帰っても迎えてくれる海はどこにもないでしょう。海は一度そむいた人間には仕返しをします」

これを書いたのは昭和五十二年（一九七七）である。それから三十数年、諫早湾は「諫早開門」をめぐる漁業者と国、県との裁判沙汰に明け暮れている。間接強制、間接強制請求異議、間接強制執行停止、開門差し止め訴訟、開門差し止め仮処分、開門差し止め間接強制異議提出……。

作家の卵が河口に佇んでいたとき、海と干潟を語る無限の言葉があった。現在はただ法律用語があるばかり。その惨状が告げている。これ以上残酷な仕返しがまたとあろうか。

歴史小説が登場したのは、野呂邦暢の短い作家活動の後半になってからである。

『諫早菖蒲日記』は私が初めて書く歴史小説である」

「初めて書いた」ではなく「書く」とあるのは、発表誌の出る直前に新聞に寄稿したせいだろう。時は幕末、場所は石高わずか一万石の諫早藩。人は藩の砲術指南、小身の武士の十五歳になる娘を主人公にして語る。「初めての歴史小説」「諫早菖蒲日記」「砲術指南」「父祖の言葉をたずねて」……。タイトルと掲載の場をかえながら、当の作家が小説と同時進行的に小説の解説を買って出た。

わざわざそれをしたのは、もしかすると、文壇、マスコミ、さらに編集者からも奇異の目で見られていたからではあるまいか。現代小説でやっと文壇に地位を得たばかりだというのに、無謀にも歴史小説を書くという。地方在住の作家にありがちな井の中の蛙的夜郎自大というもの——。編集部には、あらすじと予定が伝えてあった。腹案は成り、資料もあるのに筆が走らない。

「しめきりは刻々と迫るのに、机上の原稿用紙はいつまでも白いままであった」

作中人物の顔が目に見えてこない。熱い血の通った人間として立ちあがってくれない。もとより資料を切り貼りしても小説になりっこないのである。「私は思いあぐねて一度は書くことを断念しようかと思った」

名作が生まれるには苦労がつきものだ。野呂邦暢は多少とも世の流儀にならい、少し苦労ばなしをしてみたのかもしれない。何度となく「初めての歴史小説」の経過に触れているが、断念云々を述べているのは一度だけ。ほかでは苦渋のあとのけはいがない。むしろ調べるなかの発見のよろこびや工夫のたのしさをくり返し語った。ときには思いあぐねた瞬間があったかもしれないが、断念の思いはほとんどなかったのではなかろうか。これほど「宿命的」な素材なのだ。どうして書けないなどのことがあろう。自分でも偶然と幸運をいぶかるようにして、何度となく述べている。たまたま借家として住みついたところは、諫早の旧武家屋敷の一部であって、道路をへだてて旧漁師町。家主夫人の父方は諫早藩の御典医、母方は同じく藩の吉田流砲術指南だった。

「この家へ引っこして来て間もなく知ったことである」

小説では御典医と砲術指南が兄弟になっている。オランダ医学の修得につとめる兄を通して、旧弊を絵にかいたような弟の砲術の分野にも、抜き差しならぬ新しい状況がつたわってくる。

武家屋敷の建物は建て替えられていたが、庭は旧のままで御典医が薬草を栽培した跡があり、古井戸は薬草を煎じるための水を汲んだところ。裏庭はいちめんの菖蒲畑で、五月には見わたすかぎり青紫色の花が咲きそろう。借家人は初めて諫早菖蒲のことを知った。肥後菖蒲や江戸菖蒲が世に知られているが、その原種にあたり、野性に近いせいで「花びらは小さくてもながく保ち、色が褪せず、葉身も鋭く細い」。

小説はおのずと『諫早菖蒲日記』のタイトルをとり、登場人物の性格づくりに諫早菖蒲の特性がとりこまれていくだろう。諫早藩は大名格ギリギリの小藩であって、何かにつけて主家の佐賀鍋島藩に痛めつけられ、ブン取られてきた。「おそらく城下に瓦屋根は一軒もなかったはずである。藩主の屋敷でさえ屋根は藁ぶきであったのだから」

だからといって小説にならないなどのことがあろうか。幕末の大変動期を、この小藩はどのように迎えたか。藩士は何を考え、どのようなことを語り合っていただろう。そういったことを考えるだけで、たのしくてならない。

家主の土蔵には指南役直筆の砲術心得や免許皆伝書、鉄砲組の藩士たちの血判書などもあった。母家の床の間に飾られた鎧《よろい》びつには鎧が入っていて、借家人はためしに鎧を身につけてみた。

文献、資料には困らない。しかし古文書は声をもたないのだ。しゃべってくれない。当時の人々は、いったいどんな言葉づかいをしていたのだろう。この点でも野呂邦暢はすこぶる恵まれていた。子供のころ明治十六年生まれの祖母の言葉を耳にして育った。昔ばなしをいくつも話してもらった。祖母は尋常四年だけでカタカナしか読めなかったが、だからといって教養がないとはいえないだろう。ゆたかな口承文化を身に受けており、歌舞伎の名場面のセリフは、そらでえんえんと語れる人だった。「祖母が私に贈ったのは肥前の庶民が用いていた話し言葉という無形の遺産ということになる」

作家にとってそれは土地や家屋敷よりも、はるかにありがたい遺産なのだ。ペンをとると、十数年前まで生きていた祖母の言葉が、まざまざと耳底によみがえる。ちょっぴり得意そうに野呂邦暢は述べている。「鼻歌まじり」とまではいわないにせよ、作中人物の会話は「作家冥利に尽きる思い」だった。くり返しいえば、これだけ恵まれた「宿命」をおびながら、どうして書けないなどのことがあろうか。

もっとも思いあぐねたのは、語り方だったと思われる。誰を語り手にするか。歴史小説の作法におなじみだが、作者が将棋のコマのようにして人物を動かすのか。それとも登場人物に語らせるのか。主役は小藩の砲術将校であって、当人にゆだねればいいようなものだが、もっと有効な語り手はいないだろうか。腹案のなかに初めから、十五歳の娘に語らせるプランがあったのかどうかはわからない。いずれにせよ語り手を一人に限定するのは、将棋のコマ方式とちがい、一点集中の語りであって、この技法はカメラのファインダーに似ている。一点の覗き穴が威力を発揮する一方で、見る世界が小さく限られる。十五歳の少女に、小藩の内部事情や、雄藩鍋島家とのかかわりや、新時代の動向を、どのように仲介させるのか。

小説では、始まってしばらくのところ、鉄砲組の組頭が上司にあたる砲術指南を訪ねてくるシーンで、なにげなく示される。父が客を請じ入れ、「私は茶をすすめて父上のかたわらにひかえた」。

組頭が「二人だけで話したい」と切り出すと、父が答えた。「娘のことなら気にするには及ばない、知っての通り自分は耳が遠いから、娘が居なくてはかんじんの話をききもらすことがある」。つづいてつけ加えた。たとえ藩政にかかわること、また内緒事であれ何であれ、「口外するような娘ではない」。

一点集中であって、同時にすべてを知り得る特権的な位置にいる。この語り手に至りついたとき、野呂邦暢は一度に頭上の雲が晴れたような気がしたのではあるまいか。そして「十五歳」は、たまたまではないのである。すでに少女は脱しているが、まだ大人になりきっていない。敏感で、好奇心のかたまりで、本能的にコトの性質を嗅ぎわけ、機敏に人の立場を察知してあやまたない。おキャンで行動派で、同年令の漁師の男の子の裸身を眩しくながめる目をもっている。学者肌の若侍がなぜか気にかかりもする。未成熟の少女は、表現として定まる前のいわば前言語状態といったものを一身におびているものだ。厄介なそんなタイプを造形するなんて、作者冥利に尽きるというものである。

文学には人試しといったところがあるだろう。読者は読むことによって、われ知らず自分を試しているが、作者は書くことによってみずからを試している。野呂邦暢はつねに試みの尺度をきびしく設定した。「初めての歴史小説」にとりわけはっきりと見てとれる。四百枚をこえる三部作が、みごとに一つの覗き穴の視点に合わされ、その遠近法でもって、きびしく構成されている。語られる人と語り手が、たえず相手を見つめ合い、それが一種緊迫した生理的リズムを生み出してくる。抜群の筆力の持主にだけできる力業《ちからわざ》にちがいない。

物語は安政二年の初夏に始まり、翌年の春に終わる。あるかなしかの、それだけなおのこと初々しいエロティシズムをただよわせた少女を、通訳がわりにこき使って終わりにしたのに気がとがめたのかもしれない。心やさしい作者は少しのちに、「花火」と題する短篇の後日譚をつけた。明治となったのちの元砲術指南と、若い母親となった元少女、砲術家変じて花火師になるエピローグ。

エッセイ「原城趾にて」が述べている島原行は、長篇歴史小説「落城記」を書いていたさなかであって、城攻めの描写にあたり、旧態をのこした城趾を見ておきたかったのだろう。そのころ死神がそっと忍び寄ってくるのは感じていたが、あきらかに死のことは考えていなかった。「落城記」は文芸誌に発表されてのちに、大幅な推敲と加筆を受けた。百枚にちかい加筆原稿が成ったのは作者の死の直前である。圧倒的な敵の攻勢で、城門、矢倉、兵糧庫……、つぎつぎと落とされていく。敵はいちど手を引いたが、つぎにはいっそうの勢いでもって攻めてきた。ついで突入が始まり、やがて本丸に火が放たれた。そんな「落城記」のしめくくり。

「鉄砲の音がやんだ。

火矢も射こまれなくなった。

耳に聞えるのは燃えさかる焰の音だけである。本丸の瓦がすべりおちた。そのさらさらという
音が妙な静けさを感じさせた」

野呂邦暢はみずからできちんと、自分へのレクイエムを書いていた。

死について

引き算

早くから死としたしんできた。もの心ついたころ、まず祖父が死んだ。つづいて祖母がいなくなった。小学四年のとき、父を亡くした。高校一年のとき、兄が事故死した。大学を出たとき、母が病死した。

家族というと、私は即座に引き算を連想する。一つ、また一つと引いていく。死は引き算であって、昨日までいた人が、もういない。もっとも、家族だからといって父や母がいなくてはならないものでもないだろう。それが証拠に父や母がいなくても、現に自分がここにいる。

そんな男が結婚して家庭をもった。一人、二人と家族はふえたが、彼は足し算など信じない。いずれ引き算になる。せき立てるように子供を独立させて、家から出した。あとは最後の引き算に立ち会うか、立ち会ってもらうだけ。

この男は、いわゆる「わが家の幸せ」を冷やかに見ている。ほんの一つの引き算で、あっけなく崩れることを、身にしみて知っている。それにわが家の幸せを言う人は、必ずやわが町、わが国の幸せを主張する。つねに足し算主義者である。年賀状を家族アルバムに仕立てて誇らかに送ってくる人がいるが、年ごとにふえ、いまや三代にわたり、十六人にまでふくれ上がった。

引き算家族で成長した私は、言葉を生活の糧とした。これは自由に足し算がきく。さらに割り算や掛け算を組み合わせると、いとも玄妙な世界があらわれる。その豊かさにくらべると、現実世界はなんと貧しいことだろう。

ウミテラシ

主治医のゴトウさんによると、私のロッ骨の三番目にウミテラシが生えているそうだ。サンゴのような形をしていて、白い炎のような花をつけている。根がしっかり骨に食いこんでいて、いずれロッ骨全体を覆うだろう。

ゴトウさんはレントゲン写真を、ライトのついたガラス板にのせて見せてくれた。ウミテラシは闇夜の海を照らす木で、南海の磯に生える。ゴトウさんはなぜか南の海にくわしい。

「枝ぶりといい、姿といい、ウミテラシの王者というものだ」

小さなシャモジのような棒で指差しながら、ほめてくれた。骨を食いつくしたあとも、ウミテラシはいのちのあるかぎり、花が白い炎のように燃えている。すっかりうれしくなって、私はおもわず顔を近づけた。すると木の芽のような匂いがした。

子供の地図

すぐとなりに少し傾いた納屋があって、壁にハチが巣をつくっていた。つづいて垣根がわりに梅の木が何本か植わっていた。雨の日はカタツムリが銀色のあとをのこして這いのぼっていく。かどの家に老人夫婦が住んでいた。なぜかいつも玄関に大きな提燈がぶら下げてあった。ミツボシとよばれる家紋が入っている。その日、風にあおられて玄関の提燈が左右にゆれていた。奇妙な獣がしきりに首を動かしているように見えた。

かどを曲った最初の一軒が遊び仲間の家だった。縁側にズック靴がぬぎ捨ててあった。前日、いっしょに学校裏で折りとった彼岸花が、しおれて捨ててある。勉強部屋に声をかけたが返事がない。だれも出てこない。だれもいない。

となりは白壁で、塀の上に猫がうずくまっていた。両眼をかたくとじて動かない。足元に黒い影が落ちていた。影の塀にも影の猫がいる。雲が走って陽ざしがさえぎられ、とたんに足元の塀と猫とが、かき消えた。

つぎのかどまできて足をとめた。三叉路になっていて、一つは学校への道、一つは墓地への道、一つは神社への道。どの道にも、だれもいなかった。姿がない。声もしない。風だけが紙を裂くような音をたてていた。上空で風同士がもみ合っているらしく、雲が躍るようにわき立っている。すきまから光が筋を引いて落ちてくる。

つぎの家では、風が庭先の梅の木をゆすっていた。声をかけたが返事がない。かわりに柿の葉がいっせいに騒ぎ立てて、白い葉裏をバタつかせた。しばらく軒下に立って息を殺していた。クモが巣をつくっていた。干からびた虫の死骸が網といっしょにゆれている。

神社の石段をのぼって境内をのぞいたが、だれもいない。国旗掲揚のポールが口笛を吹くような音をたてていた。先端の輪がカラカラ廻っていた。だれかが忘れていったらしく、表紙のちぎれた雑誌がころがっていた。風が手早く頁をめくっていく。にぎやかな話し声がしたような気がした。ハッとして耳をすませたが、それは風のいたずらだった。細いポールがあいかわらず口笛を吹いていた。先端の輪があざ笑うような音をたてている。

先週、みんなで三角ベースの野球をした。ヤジったり、からかったり、すべりこんだりした。その証拠にホームベースのところがえぐれて赤土がのぞいている。だのにどうして、もうだれもいないのだろう？　みんなどこへ行ってしまったのか？

つぎのかどが公民館で、前庭にレグホン種のニワトリが飼ってあった。小屋にニワトリはいたが、とまり木に丸くなって眠っていた。一羽が土を掘って、同じく丸くなっている。しゃがんで見つめていると、ギロリと黒い眼でにらんで、すぐさま蓋をするように眼を閉じた。

公民館にはピンポン台があった。隅にオルガンが据えてある。壁に表彰状がかかっている。背のびして窓ごしにのぞきこんだ。ピンポン台が片づけてあって、四つ脚が上を向いていた。その脚にネットが汚れた下着のように巻きつけてある。のぞき見を叱るように窓ガラスがきしるような音をたてた。

もう一つかどを曲がると、わが家にもどる。見慣れた家があり、学校への道が分かれている。神社の境内は専用の野球場だった。その中で育ったのであれば、克明に地図を書くこともできる。とともに、すべての時間があの日にいきついて、ただ一つの風景になる。世界が意地悪くこちらを見ていた。風がドッと吹いて、威嚇するように背中を押してきた。人みな死に絶えたようで、姿がなく、声もなく、たとえ声をかけても返事は返ってこない。すべてが夢の中のようで、とりすがる何もなく、ひたすら一人ぼっちだった。

おりおりそんな気がするのだが、私はあの日の子供の地図を、いつもポケットに入れて歩いている。

くすり箱

「薬売りのおじさん」は大きな風呂敷包みをしょって、のっそりと戸口にあらわれた。もの慣れたようすで土間に入り、上がりがまちに腰を据えると、包みをほどいて年代物の柳ごおりを取り出した。それからまるで不思議の玉手箱か何かのように、両手をそえてうやうやしく蓋をあけた。するとガランとした田舎の古家の広い土間に、かすかな臭いがただよった。それは、一年ごし床についていた父の部屋の臭いと似ているのだった。

くすり箱は長方形の引き出し式になっていて、上面に商標がべったりと貼ってあった。色はどうだったろう？　記憶にのこっている限りでは朱色だった。明るい縁側でみると、すこぶる間抜けた紅色だったが、奥の間の薄暗い棚に納まると、とたんに光沢が沈んで、それ相応の威厳といったものをおびてくるのだった。

上がりがまちに横坐りの姿勢で、おじさんは一つ一つ、これは頭痛、これは咳どめ、これは腹痛用と講釈をしながら薬をつめ替えていった。そのあと大きなソロバンをはじいてから顔をあげてニャッと笑った。

「ボク用に寝小便のくすりを入れとこか」

そんな意味のことを訛《なまり》のある言葉でいった。そして留守番賃のかわりに薬の臭いのしみついた紙風船を置いていった。

「越中富山の反魂丹《はんごんたん》、鼻くそまるめて万金丹……」などのセリフを覚えているところよりすると、おごそかな効能書のあるわりには、利き目をさほど信じてはいなかったのだろう。いつも少々あやふやな気持で苦い丸薬を呑んだ。だが、なぜかよくきいて翌朝はケロッとして学校へ行った。

棚の上から家の一部始終をじっと眺めていた朱色の箱が姿を消したのは、いつごろのことだろう。それは救急箱に姿をかえて今なお生きのびているのだろうか。しかし、かつてのあの呪術めいた性格なしには、薬の利き目も半減したのではあるまいか。

夏の終わり

ある朝、目が覚めると霧雨が降っていた。淡い層をつくり、ゆっくりと横に流れていく。庭の木がぬれていた。葉っぱが白っぽく光っている。塀にしま模様ができている。セミも鳴いていない。

夏の終わり。子ども心にも、それがよくわかった。日がたち、いつのまにか季節が移っている。永遠につづくように思っていた夏休みだが、気がつくと、残り少なくなっている。宿題のことが気にかかった。久しぶりに筆箱をあけると、消しゴムがころがり出た。

霧のような雨が世界の変化を告げていた。この世の中では、遊んでばかりいるわけにいかないのだ。雨つぶが、そのことを伝えにきている。小柄な伝令のように、ヒヤッぽい風にのって巻き上がり、ゆっくりと反転して次々と落ちてくる。

いつもの野球帽をかぶってみたが、なにかつまらない。汗のにおいがして、すぐにぬぎすてた。過ぎ去った時間が、むしょうに腹立たしい。

霧雨が上がり、熱気が立ちもどる。セミも鳴きだした。これまでのアブラゼミではなく、ツクツクボウシだ。しかし、やはり熱気にも、どこかヒンヤリしたけはいがあった。セミの声に力がなく、鳴きだしてもすぐにツクツクボウシ…ボウシ…シ…といったぐあいに尻切れにしてやめてしまう。

ずっとのちのことだが、季節の終わりにヴェネツィアにいたことがある。夏の人出がウソのように閑散としていた。広場の土産物売り場にハデな色のシートがかけてあった。ゴンドラは杙《くい》につながれたまま波にゆれていた。

やがてこまかい雨が降りはじめた。水都ヴェネツィアを霧雨がつつみこむ。しっとりと屋根をぬらし、壁をぬらし、広場の石畳をぬらしていた。

旧の宮殿の軒飾りにズラリと人の顔が刻みつけてある。なかに口笛を吹くように唇を突き出したのがいた。まるで頬をふくらませ、霧を吹いているように見えた。

海と山

瀬戸内の播磨灘には波がない。いや、ないわけではなかろうが、少なくとも私の記憶のなかでは、それはいつも眠ったように凪《な》いでいて波一つない。海沿いに私鉄が走っていて、網干《あぼし》とか塩田《しおた》とか白浜とか、いかにも海沿いらしい名前の駅にとまっていく。駅の付近にはマッチ工場が並んでいた。工場の間のほこりっぽい道を抜けると海岸までの砂地に、その頃はまだ塩田がひろがっていた。碁盤目に区切られた広大な塩田のなかで、なにやら砂かきのようなものをのろのろと引いて歩く人の姿が見えた。

小学校では夏になると、きまってこの浜に海水浴に来た。じりじりと照りつける太陽の下で砂が灼《や》けていて、ピョンピョン跳びはねないと足を焦がした。砂だけではなく水もまた煮えていた。どこまでもつづく遠浅の海は、ときには風呂のように熱いのだった。

小学四年のとき、この海で溺れた。上級生のボートに乗っていて、「とびこめ！」の命令でとびこんだ。少しは泳げた。遠浅の海の特徴だが、泳いでいると腹をするような浅瀬にいきつく。その一方で所どころにえぐったような深みがある。

たかをくって足をのばすとズブリと沈んだ。ハッとして身体をこわばらした拍子に口と鼻とで海水を呑んだ。たて続けに何度も呑んだ。

懸命に足を蹴ると身体が浮いて、顔の真上にまぶしい太陽がみえた。だが、息がつけない。空気のかわりに刺すように辛い海水を呑むばかりだった。時間にすれば、せいぜい何十秒かのことだったのだろう。しかし溺れた者には永遠に長い時だった。

まわりのみんなは、ふざけていると思ったらしい。無理もなかった。まわりは脛までしかないほど浅いのだ。その只中で騒々しい一点でもあるかのように、浮き沈みしながらもがいている。それはすこぶる滑稽な光景であったに相違ない。めったやたらにもがいているのを、そのうち気づいた人がいたのだろう、強い力で引き上げられた。

その夜、家にもどると熱が出た。背中一面に水泡がふいて、やがてヌルヌルと皮膚がめくれた。その年の六月、父をなくしたばかりだった。母ひとりが働いていた。私は溺れた件は母親には黙っていた。ランニングシャツを通してにじみ出る淡い黄色いウミのようなものを、母はしきりに不審がった。

二十代半ばだった。ひとりで奥州の入口の那須三山に登った。四月末というのに、思いのほか雪があった。茶臼岳を廻りおわってのもどりに道を失い、気がつくと目の前は急勾配の谷だった。

尖った岩が、まだら雪をかぶっていた。あわてて引き返すつもりがバランスを失ってよろけたとたん、もんどり打って急斜面を落ちていった。

　ほんの数秒のことだったろう。しかし、そのときもまた私には長い長い時に思えた。気がつくと、雪の下からのぞいていた灌木の枝にしがみついていた。目のすぐ下は深い沢に落ちこんでいた。落下のすがら、それと知らず両手を雪に突き立てていたにちがいない。手袋の指先がそろえたように破れていた。顔を上げると雪の斜面にくっきりと溝がえぐれていた。

　雪まみれになって谷を這い上がった。夕闇に追われるようにして三斗小屋の温泉宿にたどりついた。

　言えばただこれだけのことであって、似たような経験なら、きっと誰もがもっている。それに今どき「死にかける」ためには、ことさら海山にいくまでもない。都会の日常生活が、のべつ死と隣合っている。ちょっとした偶然で事故にでくわすかもしれないが、同様にほんの偶然で死を免れているだけかもしれないのだ。

　だが――それにしても私は今なお、もがきながら水の中から見たまぶしい夏の太陽を覚えている。谷底に落ちていったときに全身で感じた、虚空の中の身の軽さといったものを忘れずにいる。それは自分でも気づかないうちに、どこかしら存在の根っこにからみついたらしいのだ。早くに肉親を次々と喪《うしな》ったせいもあるのだろうが、いつも意識の中に、ほんのちょっとしたはずみで死の中に入りこむと囁きつづけるものがいる。小声だが執拗な声を聞かずにはいられない。それは存外、何よりも強く生き方を宰領《さいりょう》しているようなのだ。

タコ舟

小さな島で一週間ほど過ごしたことがある。一日四便の連絡船が、となりの大きな島と結んでいた。夏のあいだは人がやってきて民宿がにぎわうが、ふだんはひっそりとしていて、年寄りだけが住んでいた。

島の高みにのぼると、まわりが見渡せる。青い海ばかり。広大な水の中に、島だけがポカリと浮いていた。

朝のうちに仕事をして、あとは海辺にいた。入江のわきから黒々とした岩礁がつづいている。潮が満ちると、すぐ足元まで波が走りこみ、白い泡をのこして走り出る。

よく見ると岩礁のあちこちに貝がへばりついていた。太陽と、大気と、水とが接する境界が、お気に入りの場所らしい。藻が細いツル草のようにのびていて、海水の流れに応じ、いっせいに向きを変える。

貝ともカキともつかず、どれも黒っぽくて不恰好だった。ひどい条件のもとに生きているからだろう。岩にはりついて、奮闘している。何だってそうだが、厳しい自然に適応しようとすると、ヘンテコな姿になるものだ。

カタツムリのような形の貝は、おおかたが空っぽで、ヤドカリの住まいになっていた。ヤドカリは水が引いたときはいないが、岩が波に洗われだすと、もどってくる。なかには浜に遠征するのもいて、湿った砂の上に不可解な足跡がついていた。

貝殻の一つだが、白くて、細長い。内側はなめらかだが、外まわりはゴツゴツしていて、いくつもの細い筋があった。民宿の老人から「たこぶね」の名をおそわった。タコの舟かと問い直すと、そうかもしれないと笑っていた。

陽にかざすと半透明になり、引いていく水のような幾筋もの線がくっきり見えた。タコの舟にたとえたとすると、古人の楽しい想像だろう。タコの母親がゆりかごにする。おどけ者の子ダコは出帆していく舟のように思ったかもしれない。

死について

むかし、古代ギリシア人は死というものを考えたとき、この世からあの世への旅を連想した。それは古代ギリシア人にとっては、静かな黒い水の中を進む船旅であったようだ。こちらとあちらの境界がなく、ただすべるように進んでいく。見えるのは黒い水ばかり。あたりの光が急速にうすれていく。その先は——彼らはそれを冥府《ハデス》と呼んだが——そこは見たところ、この世と少しもかわらない。ただ、誰もがじっと動かずにいる。ある者は佇み、ある者はうずくまり、動かない。すべてが影の中にある。この世とは別の光のもとにある。淡い、おぼろげな明るみ、あるいはうす闇。それは死者の国というよりも影の国だ。

生あるものは、いずれ死ぬ。ちがいはせいぜい早いか遅いかであって、死はきっとやってくる。誰も死を逃れられない。一人、また一人と影の国へと旅立っていく。いまこの一瞬にも、誰もがまっしぐらに死へ向かって歩いている。

私の従弟は二十八歳のとき、白血病で死んだ。その前からへんに疲れやすく、体がダルいとこぼしていた。医者は働きすぎだといった。酒を控えて、毎朝、牛乳を飲むことにした。ある日、血液検査をしたところ、ガンを検出。みるみる衰弱して、半年後に死んだ。従弟の母親は、子が親に先立つ不条理を嘆いた。彼女は「不条理」などといった言葉は使わなかったが、息子の死に納得しない。母親にとって、それはきわめて不自然な死であった。わずか二十八で逝かなくてはならないなんて、神もホトケもないものか。

だが、人口の何パーセントかは二十代で死んでいる。また何パーセントかは、もっと早い死を迎えている。十八歳の死にくらべて二十八歳の死はむしろ恩恵である。従弟の死は大いにありうる死の一つであって、いささかも不自然ではないのである。

ある人は家庭の夫、二児のパパだった。三十代半ばの働きざかりのときに交通事故で死んだ。トラックにひかれた。妻は遺体にとりすがって泣きくずれた。目の前にいるのは、もはや夫でもパパでもない。声をかけても返事をしない。

不自然な死、いかにもそうだ。だが毎年、何千人、何万人もが交通事故で死んでいく。文明という名のもとの社会にあって避けようのない事実である。交通事故は日常茶飯事であり、その死は異常な死でもなんでもない。とりたてて不自然ではないのである。妻もやがて事実に順応するだろう。夫の死の「自然さ」を納得する。

「パパはどこへいったの?」

幼い子に問われると、答えるだろう。ごく自然に手で上空を指したりする。

「パパはね、天国へいったの」

死はこのように、つねに自然である。とともに死にゆく者にとって、それはいつも不自然である。二十八で死の病いを知ったとき、従弟は激しく怒り、悲しんだ。怒りは白血病そのものよりも、自分の陥っている状況に向けられていたようだ。それが不自然きわまる状態であって、なんとしても了解できなかったからだろう。

交通事故は、おおかたの場合、不自然を原因として起こる。入るべきコースに入らず、進むべからざるところを進み、当然とるべきハンドル操作を怠った。きわめて不自然なスピードを出していた。不自然に起因する事故は、おのずから不自然な死をもたらす。

九十三歳で死の床にいる人は、はたしてつねに自然な死を迎えているだろうか。医者は寿命といい、当人もうなずく。「天寿を全うする」などといったことを口にしたりする。だが、心中では必ずしも同意しているわけではないのである。老人の友人はさらに高齢を謳歌している。自分だって気力はいぜんとして衰えず、食欲だっていまだに旺盛なのだ。だのにどうして死ななくてはならないのか？　九十三歳の老人にとって、その死はいぜんとして不自然である。死はつねに自然であり、とともにいつもどこか不自然である。

では自死はどうだろう？　当人が自分に手をかけて始末をつける。オーストリアの思想家ジャン・アメリーは『自らに手をかける――自死について』を著してのち、自死をとげた。その著書のなかでアメリーは、フランスで出た『自殺の心理学』のなかの一つの例を引いて述べている。ある鍛冶屋が自分の頭を万力にはさみ、右手で把手を廻していって頭蓋骨を押しつぶしたというのである。身の毛のよだつような死に方である。仕事の体験から選びとった。右手で把手を廻しつづけるかぎり、万力はきっと頭蓋骨を押しつぶす。ごく自然に骨を砕く。ある人は剃刀で自分のノドを掻き切った。ある囚人は、下着を裂いて縄をない、それで縊《くび》れた。日本の作家三島由紀夫は、日本の古風な作法を踏襲して切腹し、仲間をうながして自分の首を落とさせた。

死とちがって自死は奇妙な自然さをそなえている。病死や事故死、さらには寿命とくらべても、よりいっそう自然な帰結であるからだ。剃刀は必ずやノドを深々と切り裂くだろう。首を締めれば息が絶える。首を落とさせれば、なおさら確実だ。自死の人にとって、手をかける自分と、手をかけられる対象とは二つにして一つである。病気や事故や寿命によって死にいく人が、死を必ずしも了解していないのに対して、自死の人は、これ以上ないほど自らと平穏な関係にある。これ以上ないほど自然に死と息を通わせ合い、たがいをじっと見つめ合っている。心理学者は、それをナルシス的などというのではなかろうか。

フロイトは「快楽原理」の追求から「死の衝動」にいきついた。人間の潜在意識のなかには、自己保存衝動や性衝動とともに死への衝動が含まれているというのだ。大きくひっくるめていうと、人は生への衝動と死への衝動の二元論を生きている——。

のちに学問化されて「破壊リビドー」と名づけられた。破壊的な狂暴性や攻撃性であって、それは今日、ことあらためて意味をおびてきた。いまや毎日のニュースの時間に実例として、数限りなく示されている。とすると自死は、他人に対してではなく自己に向けて発動した破壊リビドーなのであろうか。ノドを掻き切る。ビルから跳び下りる。列車にとびこむ。銃口をこめかみにあてる。紐を首に巻きつけて足下の椅子を蹴とばす。車ごと海へジャンプする……。自己に加えた暴力であって、死への衝動にもとづくものなのか。そして自死は、その種の自己破壊のうちの、よりゆるやかなケースというのだろうか。

フロイトによると、死もまた快楽原理の一つであって、生のここちよさと同じく死のここちよさがある。それは「もとのところに還る」ことであって、「生命ある有機体に内在するところの、以前の状態を再現しようとする衝迫」と考えられる——。

精神分析学は人間の内面を分析して、こんなにもぶしつけであり、はしたない。いかにも死のここちよさはあるだろう。「眠りは短い死、死は長い眠り」といった言い廻しがドイツ語にあるが、眠りのここちよさと同じように死のここちよさがあるにちがいない。だが、どのような「もとのところ」に還ろうというのだろう。有機体である生命の「もとのところ」は無機体である。とすれば、その無機体という「以前の状態」を再現しようというのだろうか。だが生命のない物質は経験を蓄積せず、いかなる記憶を宿すこともない。死が「もとのところに還る」などとは、とんだタワごと、ましてや自死はそうではない。以前の無機体などと、なんらかかわりのない行為である。もっとも、もし「もとのところ」などというなら、死はまさしく無機体のように無機的で、価値をもたず、すみやかに忘れられるものではある。まったく、人はあきれるほど早く他人の死を忘れるものだ。

かつて私が勤務していた大学には、月ごとに教授会があった。そのつど冒頭に死者の名が告げられた。名誉教授、元教官、元職員、たまに現職の同僚がいた。久しく顔をみないと思っていたら入院中だったとか。看護のかいなく先日死去。そんな報告のあと一分間の黙祷をおこなう習わしだった。

ある人は手帳をひらいていた。あるいは隣りの同僚と雑談していた。爪を見つめていた人もいる。一同があわてですわりなおし、目を閉じて、手を前に握りしめる。長い一分間であり、すこぶる間の悪い時間だった。二十年前に退職した名誉教授など誰も知らない。死亡を知らされて、はじめて生存を知ったぐらいのものである。元教官と一夜酒席をともにしたことがある。あれは何という店だったか。現職で亡くなった同僚だが、もはや顔かたちも定かではない。黙祷が終わって、ある人はあらためて手帳をひらき、その日の予定をたしかめる。隣りでは雑談のつづきになって、笑いがもれたりする。ふたたび爪に目をやって、しげしげとながめている人。

アカの他人であるからだろうか。しかし、肉親や近親者もまた、おそろしく簡単に死者を忘れる。遺体にとりすがっていた妻は、いまはもうテレビを見て笑っている。子供にとってパパは、すでにアルバムにいるだけの人である。名誉教授の追悼式では、もっぱら幹事役の新刊書が話題になっていた。死が「もとのところに還る」かどうかはわからないが、他人にとって、とてつもなく軽いものであることはたしかである。

いのちは地球より重いかもしれないが、死はチリよりも軽い。だからこそ、せめて死は自分のものであるのがいいだろう。自分の声に耳を傾けて、自分の死を死ぬ。自死は自分とひとりっきりで、その死はあきらかに自分に属している。家族のものでも、同僚のものでも、肉親のものでもない。

人間の尊厳、あるいは自由ということ。はなはだ曖昧な領域に入らなくてはならない。曖昧であって、かつうさんくさい。今日このごろ、いったい誰が大まじめに人間の尊厳を口にするだろう。自由ということのお題目を唱えるには勇気がいる。しかし、死といった、すこぶる厄介な、ほんらいは言葉をこえた世界に立ち入ったからには、やはり人間の尊厳について、そして、自由ということにふれなくてはならない。自死は何よりも人間の尊厳にかかわり、とりわけ自由ということと切っても切れない関係にあるからだ。より正確にいうと、それ以上のものであり、何が何でも生きようという世の要請、「自然な生」への断乎とした拒否であって、最終的な人間の尊厳、そして究極の自由を意味しているからだ。

しかし、そう大仰にいうまでもない。私はごく自然な死をいいたいのだし、また自分でもそれを願っているだけである。というのは死へ導く条件は、いたって無原則であって、あきれるほどとりとめがないからだ。たとえばある人が死を決意して家路についたとしよう。というのは、すでに疲れはて、もはや生きていて何の価値もないと思えてならない。イヤなことばかりがつづく。ひと思いにケリをつけるしおどきだ。――ところが家にもどると家族の一人が風邪をひいていた。あわてて風邪薬の服用をいってきかせた。古い友人からハガキが届いていた。天気予報によると、久しぶりに明日は晴れるらしい。

死の決意はどうなったのか？　気の迷い。自分でも不思議でならない。ひと思いにホームから跳び下りることを思ったなんて信じられない。死神にとっつかれていたらしい。ここは厄払いに熱カンをもう一杯……。最終的な尊厳といい、究極の自由というものもまた、このような人間性の上になり立っている。家族の風邪でオロオロして、旧友のハガキ一つで「死の誘惑」に打ち克ち、「生きる勇気」をとりもどす。いとも簡単に生への逃げ道を見つけ出す。

結論をいそがないことにしよう。いそぐまでもないからだ。ことは人間の尊厳にもとづき、自由ということとかかわっている。だからこそ尊厳をもって、自由に決意すればいいことだ。自由に、つまりは一人で、一人っきりで、選ぶ自由を行使する。それは脱出でも帰還でもなく、強制でも契約でもない。まさしくそれらの外に出る。

「ちょっと外に出て、外の空気を吸おうじゃないか」

そんなふうにいうときの外である。少し外に出る。この世の外に出て、外の空気を吸う。広くて自由な世界へと出ていく。

いや、それはわからない。外がほんとうに広くて自由な世界であるかどうかは不明である。死でもって、広くて自由な世界に至りつくなどと思うのは幻想だ。要するに、自分の死を他人にゆだねないだけである。何が何でも生きようとする盲目的な自然の支配に抵抗して、自由を選びとるだけのこと。自分の死を生きる。いや、自分の死を死ぬのである。だからこそ尊厳にかかわり、究極の自由と関係している。くり返し考え、決意する値打ちがある。

あとがき

二十七編、二十八人を語っている。ペンによる肖像画の試みである。

なんらかの個人的なつながりのあった人々だ。したしくまじわりをもった人、会ったのは一度か二度程度だが、強い印象を受けた人、ただ書かれたもので知って、もっぱら本を追いかけた人。それ自体は、とりたてて言うにたりない。偶然の出会いと言えばそれまでだが、はたしてほんとうに偶然だろうか。期せずして何か機が熟していたのではあるまいか。ほんのちょっとした偶然を意味深い必然に変える何か。それがあってはじめて、その人が自分にとって守護天使のようになった。

個性も仕事もさまざまにちがう人たちだが、一つだけ共通している。いずれも、もはやこの世にいない。さらにもう一つあげれば、徒党を組むのをいさぎよしとしなかったこと。

死去を告げられて、急拠、追悼文をたのまれた。新聞が多い。そんな場合、追悼文の作法があって、全力をつくしても、どこか書きたりない思いがのこった。雑誌の場合は余裕がある。生誕あるいは死後何十年かの記念号のこともあり、あらためて思い出したり読み直しができる。そんな場合、当のその人よりも自分のなかにひそんでいたことに気づいたりする。記憶をたどり直すと、つねにそこにもどっていく一点であって、いろんな思い出があるというのに、同じシーンがくり返しよみがえってくる。なかんずく大切な思い出かというと、べつにそうでもない、たあいのないことなのだ。記憶のもつフシギな特性にちがいない。

ここでは最初の追悼文をもとにして、それを何倍かに書きたした。初出のエッセイの後半部だけ生かして、前半がかわったケースもある。記念年が過ぎて、何かちがう気がするところは修正した。死者については、感じとり、本質と思うところをきっちりとらえて書く。それ以上にも以下にも書かない。人間の内部は、やわらかくて壊れやすいのだ。だからこそ、とりわけ礼儀が必要だろう。死者には反論ができないからだ。

勝手に自分の分身のように思っていた。あらためて書くうちに遠さがしっかりわかった。と同時に遠方の思想が、いきいきと心にしみてくる。死者からのこの上ない贈り物だ。

言葉がおそろしく安売りされる時代にあって、それでもやはり言葉は信頼できるし、言葉を信頼してきてよかったと考えている。すでに遠くへ往ってしまった人々を、こんなに近くに引き寄せることができるのだ。

ことさら初出はしるさないが、場を与えてくれた方々に感謝したい。そのかわりに手引きとなった本をめぐる書誌をつけた。なろうことなら、その本たちとしたしんでいただきたい。人は去っても本はのこる。

亡き人をめぐる一つの本のきっかけを、みすず書房の宮脇眞子さんからいただいた。ズラリと並んだ名前が、じっとこちらを見つめている。うれしいお仲間が待っている。

池内　紀

二〇一六年三月

〈ブックリスト〉

本文中で言及された書籍のほか，全集・著作集等をしるしました．(編集部)

種村季弘
『種村季弘のラビリントス』(全 10 巻）青土社，1979
『種村季弘のネオ・ラビリントス』(全 8 巻）河出書房新社，1998-1999
『雨の日はソファで散歩』筑摩書房，2005／ちくま文庫，2010
森﨑秋雄
『美の鼓動』三月書房，2007
森　浩一
『僕と歩こう全国 50 遺跡　考古学の旅』小学館，2002
北原亞以子
「慶次郎縁側日記」シリーズ，新潮社，1998 ～ 2014／新潮文庫，2001-
『父の戦地』新潮社，2008／新潮文庫，2011
須賀敦子
『ミラノ 霧の風景』白水社，1990／白水Uブックス，2001
『コルシア書店の仲間たち』文藝春秋，1992／文春文庫，1995／白水Uブックス，2001
『遠い朝の本たち』筑摩書房，1998／ちくま文庫，2001
『霧の向こうに住みたい』河出書房新社，2003／河出文庫，2014
『須賀敦子全集』(全 8 巻，別巻 1）河出書房新社，2000-2001／河出文庫（別巻以外)，2006-2008
川村二郎
『語り物の宇宙』講談社，1981／講談社文芸文庫，1991
『日本廻国記　一宮巡歴』河出書房新社，1987／講談社文芸文庫，2002
木田　元
『新人生論ノート』集英社新書，2005
『反哲学入門』新潮社，2007／新潮文庫，2010
森　毅
『数学的思考』明治図書出版，1964／講談社学術文庫，1991
『ものぐさ数学のすすめ』青土社，1980／講談社文庫，1986
『居なおり数学のすすめ』青土社，1982／講談社文庫，1987
『佐保利流数学のすすめ』青土社，1982／ちくま文庫，1992
『チャランポラン数学のすすめ』青土社，1983／改題『チャランポランのすすめ』ちくま文庫，1994
『悩んでなんぼの青春よ』筑摩書房，1990
『僕の選んだ 105 冊』青土社，1990

『ふるさと幻想』青土社，1990
『まあ、ええやないか』青土社，1992
『なんでもありや』青土社，1992
『時代のにおい』青土社，1993
『たいくつの美学』青土社，1994
『ま、しゃあないか』青土社，1995
『無為の境地！』青土社，1998
『21 世紀の歩き方』青土社，2002
『元気がなくてもええやんか』青土社，2003
小沢昭一
カセットテープ『小沢昭一の小沢昭一的こころ』（全 12 巻）CBS ソニー，1988-1991
CD『小沢昭一の小沢昭一的こころゴールドボックス』（全 10 巻）日本コロムビア，2011
『放浪芸雑録』白水社，1996
『日本の放浪芸』白水社，2004
松井邦雄
『夢遊病者の円舞曲』作品社，1982
『悪夢のオルゴール』河出書房新社，1984
『望郷のオペラ』六興出版，1987
『豪華客船物語』六興出版，1990
『ビギン・ザ・ビギンの幕があがる』筑摩書房，1993
『ヨーロッパの港町のどこかで』講談社，1994
池内紀編『ル・アーヴルの波止場で』龜鳴屋，2014
西江雅之
『花のある遠景』せりか書房，1975 ／旺文社文庫，1983 ／福武文庫，1990 ／新版，青土社，2010
『異郷の景色』晶文社，1979
米原万里
『嘘つきアーニャの真っ赤な真実』角川書店，2001 ／角川文庫，2004
赤瀬川原平
尾辻克彦『父が消えた』文藝春秋，1981 ／河出文庫，2005
『芸術原論』岩波書店，1988 ／岩波同時代ライブラリー，1991 ／岩波現代文庫，2006
『目利きのヒミツ』岩波書店，1996 ／知恵の森文庫（光文社），2002
宮脇俊三
『時刻表 2 万キロ』河出書房新社，1978 ／河出文庫，1980 ／角川文庫，1984

『殺意の風景』新潮社，1985／新潮文庫，1988／光文社文庫，2006
『宮脇俊三鉄道紀行全集』（全6巻）角川書店，1998
山口昌男
『山口昌男著作集』（全5巻）筑摩書房，2002-2003
徳永康元『ブダペスト日記』新宿書房，2004
澁澤龍彦
『夢の宇宙誌』美術出版社，1964／河出文庫，1984，2006
『胡桃の中の世界』青土社，1974／河出文庫，2007
『狐のだんぶくろ』白水社，1987／河出文庫，1997
『うつろ舟』福武書店，1986／福武文庫，1990／河出文庫，2002
『高丘親王航海記』文藝春秋，1987／文春文庫，1990
『澁澤龍彦全集』（全22巻，別巻2）河出書房新社，1993-1995
児玉　清
『負けるのは美しく』集英社，2005／集英社文庫，2008
花田清輝
『花田清輝全集』（全15巻，別巻2）講談社，1977-1980
川田晴久
池内紀『地球の上に朝がくる』河出書房新社，1987／河出文庫，1992
野尻抱影
『星座巡礼』研究社，1925
『星座めぐり』研究社，1927／新版，誠文堂新光社，1987
『星の神話・伝説』講談社学術文庫，1977
『英文学裏町話』研究社，1955
『ろんどん怪盗伝』鱒書房，1956／みすず書房，2011
岩本素白
『山居俗情』砂子屋書房，1938／『素白随筆集　山居俗情・素白集』平凡社ライブラリー，2008
『日本文学の写実精神』中央公論社，1943
『素白集』東京出版，1947／同上
『素白随筆』春秋社，1963
『岩本素白全集』（全3巻）春秋社，1974-1975
池内紀編『素白先生の散歩』みすず書房，2001
大江満雄
『血の花が開くとき』誠志堂書店，1928
『日本海流』山雅房，1943
『子どものためのイエス伝』講談社少年少女文庫，1949
森田進ほか編『大江満雄集　詩と評論』（全2巻）思想の科学社，1996

丸山　薫
『帆・ランプ・鷗』第一書房，1932
『蝙蝠館』版画荘，1932
『鶴の葬式』第一書房，1935
『点鐘鳴るところ』桜華社，1943
『北国』臼井書房，1946
『仙境』青磁社，1948
『新編　丸山薫全集』（全6巻）角川学芸出版，2009
菅原克己
『手』木馬社，1951
『日の底』飯塚書店，1958
『日々の言づけ』編集工房ノア，1984
『一つの机』西田書店，1988
『菅原克己全詩集』2003，西田書店
高峰秀子
『巴里ひとりある記』映画世界社，1953／新潮社，2011／河出文庫，2015
野呂邦暢
『兵士の報酬　野呂邦暢随筆コレクション１』みすず書房，2014
『小さな町にて　野呂邦暢随筆コレクション２』みすず書房，2014
『諫早菖蒲日記』文藝春秋，1977／文春文庫，1985／梓書院，2010
『落城記』文藝春秋，1980／文春文庫，1984
『野呂邦暢小説集成』（全9巻）文遊社，2013-

著者略歴

（いけうち・おさむ）

1940年兵庫県姫路市生まれ．ドイツ文学者，エッセイスト．主な著書に『ゲーテさんこんばんは』（桑原武夫学芸賞），『海山のあいだ』（講談社エッセイ賞），『二列目の人生』，『見知らぬオトカム——辻まことの肖像』，『恩地孝四郎』（読売文学賞）など．編注に森鷗外『椋鳥通信』上・中・下，訳書に『ファウスト』（毎日出版文化賞），ケストナー『飛ぶ教室』など．山や旅，自然にまつわる本も，『森の紳士録』，『ニッポンの山里』など多数．

池内 紀
亡き人へのレクイエム

2016年 4月 7日　印刷
2016年 4月 19日　発行

発行所 株式会社 みすず書房
〒113-0033 東京都文京区本郷5丁目 32-21
電話 03-3814-0131(営業) 03-3815-9181(編集)
http://www.msz.co.jp

本文組版 キャップス
本文印刷所 精興社
扉・表紙・カバー印刷所 リヒトプランニング
製本所 松岳社

Printed in Japan
ISBN 978-4-622-07975-0
[なきひとへのレクイエム]
落丁・乱丁本はお取替えいたします